Anonymous

Aufzeichnungen des Kaiser Karls des Fünften

Anonymous

Aufzeichnungen des Kaiser Karls des Fünften

ISBN/EAN: 9783743656147

Hergestellt in Europa, USA, Kanada, Australien, Japan

Cover: Foto ©ninafisch / pixelio.de

Weitere Bücher finden Sie auf **www.hansebooks.com**

Aufzeichnungen

des

Kaiser Karl's des Fünften.

Zum ersten mal herausgegeben

von

Baron Kervyn van Lettenhove,

Mitglied der königlich belgischen Akademie.

Ins Deutsche übertragen

von

L. A. Warnkönig.

Leipzig:

F. A. Brockhaus.

1862.

Vorwort des deutschen Uebersetzers.

— ...

Indem der Unterzeichnete den ihm gewordenen ehrenvollen Auftrag erfüllt, die von Herrn Baron Kervyn von Lettenhove in Paris entdeckten und von ihm zum ersten mal, jedoch in französischer Sprache erscheinenden Commentarien, d. h. Aufzeichnungen Karls V. auch in deutscher Sprache bekannt zu machen, glaubt er nicht nöthig zu haben. Genaueres über die Authenticität, den Inhalt und den geschichtlichen Werth derselben in einem Vorwort zu sagen.

Die sehr ins Einzelne gehende Einleitung des französischen Herrn Herausgebers giebt über dies alles vollständige Aufschlüsse.

Dagegen sind über das bei dem Verdeutschen des Buches befolgte Verfahren zwei Worte zu sagen. Es besteht dies darin, dass man in der Uebersetzung der kaiserlichen Aufzeichnungen selbst sich so streng wie möglich an deren, wenn auch nicht immer ansprechende Wortfassung hielt und nur, wenn der Charakter der deutschen Sprache es zu fordern schien, sich kleine Abweichungen erlaubte.

Dagegen ist die Uebertragung der Einleitung des französischen Herrn Herausgebers oft eine freie Nachbildung seiner Sätze, in wie weit nämlich eine solche geeigneter schien.

Stuttgardt, den 31. Juli 1862.

L. A. Warnkönig.

Einleitung des französischen Uebersetzers.

In den letzten Jahren hat das 16. Jahrhundert wiederholt die Aufmerksamkeit der Geschichtsforscher auf sich gezogen; die von ausgezeichneten Kräften unternommenen Studien sind insbesondere dadurch bemerkenswerth, dass sie, theils durch neue, weniger partheiische Gruppirung des bereits Bekannten, theils durch wirkliche Entdeckungen aus dem Schatze noch ungedruckter Documente die hervorragende Gestalt jener Zeit, Karl V. endlich in sein historisches Recht einsetzen.

Wo man den Ehrgeiz des Herrschers anzuklagen übereingekommen war, zeigt diese neueste Revision der Geschichtschreibung den edlen, vor keinem Hinderniss, keiner Widerwärtigkeit zurückweichenden Muth ernster Ueberzeugung und die Abdankung, durch welche sich der Kaiser so hoch über alle irdische Grösse erhebt, die seine wechselvolle Laufbahn in ungewöhnlichem Masse um-

geben hatte, verbreitet über den Abend seines Lebens eine Glorie klar und mild, wie sie uns aus
dem bewegten Leben irdischer Herrscher selten
entgegentritt. Die Geschichtschreibung unserer
Tage lässt sich nicht mehr an jenen officiellen Chro-
nisten, den Hofhistoriographen u. s. w. genügen;
sie hält sich vorzugsweise an die vertrauten Aufzeichnungen unbezahlter Federn, welche den rhe-
torischen Aufputz auf Kosten der Wahrheit ver-
schmähen. So zeigen die Berichte der gewandten
venetianischen Gesandten, den Kaiser (Karl V.)
auf der Höhe seiner Macht, die anspruchlosen
Erinnerungen der frommen Hieronymiten den Einsiedler bei seiner täglichen Andacht, Angesichts
der Gruft, welche sich nach seiner Bestimmung
über seinen Gebeinen schliessen sollte.

Von gleich hohem Werthe sind die uns erhaltenen Nachrichten aus der nächsten Umgebung
des Monarchen, von der Hand seiner treuen Diener und Gefährten, vor Allem der unschätzbare
Briefwechsel zwischen de Praet und Wilhelm van
Male, welch letztern man nahezu «den Schatten
des Kaisers» nennen könnte und der auch bei jenem schweren Gange von Puerto-Novo, wo Karl
in die Worte ausbrach: «Dies wird wohl mein

letzter Weg sein vor dem zur Ewigkeit», nicht von der Seite seines Herrn kam.

Wilhelm van Male war in Brügge geboren, wie es scheint, keinem sehr alten Geschlecht entsprossen und seine äussere Lage keineswegs beneidenswerth.

Den grössten Theil seiner Jugend hatte er sich in seiner Bibliothek begraben, die er selbst wohl «sein liebes Gefängniss» nannte. Später war er genöthigt, sein Glück in Spanien zu suchen, wo sich der Herzog von Alba seiner annahm, der damals noch keinen andern Namen hatte, als den eines stattlichen, hochherzigen Officiers und Soldatenvaters. Durch seine Vermittelung kam der junge Mann in das kaiserliche Kabinet, nicht etwa als Bewerber um militärische Ehren, sondern um eine Handschrift des Berichtes Don Luis d'Avilas über den Krieg in Deutschland zu studiren, die ungleich vollständiger war, als die spanische Ausgabe von 1548. Van Male wusste hierbei so viel Vertrauen zu gewinnen, dass ihm eine lateinische Uebertragung verstattet ward, die sich durch einen reinen und gewählten Styl auszeichnet und deren Widmung Kosmus von Medicis, «der grosse Kosmus», wie ihn Brantôme nennt, auf die Empfehlung Albas (dessen Nichte Leonore von Toledo die Gemahlin

des florentiner Fürsten war), oder vielleicht auch
auf Anregung Avilas selbst, annahm. Das Wid-
mungschreiben schliesst mit folgenden Worten:
«Tadler, welche die mitgebrachten Erwartungen
gar zu wenig erfüllt finden möchten, mögen sich
vorsehen, dass sie nicht an den erlauchten Herrn
de Praet und dessen bewährtes Urtheil gerathen.
Dieser berühmte Gelehrte hat es in seiner liebens-
würdigen Art, der strebenden Jugend hülfreich ent-
gegenzukommen, nicht verschmäht, das Werkchen
vor dem Druck durchzusehen und die aufgefundenen
Schwächen und Unebenheiten mit seiner Meisterhand
zu bessern und zu glätten. Sollte also ja Deiner Ho-
heit (dem Fürsten, welchem die Widmung gilt) der
aufdringliche Eifer der Splitterrichter lästig werden,
so verweise die Herren nur getrost an meinen erlauchten, durch Adel und fürstliche Abkunft wie durch
Geist und Gelehrsamkeit ausgezeichneten Vetter.» [1]

[1] Qua ratione, si obtrectatoribus per me non factum est
satis, vereantur sane necesse est illustrissimi D. Pratensis,
acerrimum judicium et gravitatem. Is enim pro incredi-
bili quadam ergo studiosos omnes humanitate, libellum
priusquam ederetur, diligenter perlegit, quaeque inexpo-
lita et rudia viderentur, iis perspicacissimi ingenii sui li-
mam addidit. Ipse itaque Celsitudinem tuam in partem defen-
sionis juvabit si vitilitigatorum taedio et molestia affectus
eos ad tantam Principis viri dignitatem et eruditionem
relegaveris.

Dass van Male so hohen Werth auf den Beifall des G. de Praet legte, begreift sich leicht, wenn man sich erinnert, dass dieser sein Verwandter Ritter des goldenen Vlieses und Grossschatzmeister der Niederlande (auch nebenbei noch Grossbailli von Brügge)[1] war. Diesem Zeugniss

---

[1] Ludwig von Flandern, Herr v. Praet, war ein Sprössling Ludwigs von Male, des letzten Grafen von Flandern, seine Mutter Isabella von Burgund, in derselben Weise eine (natürliche) Grossenkelstochter (Herzog) Philipps des Gütigen (von Burgund). Seine Grossmutter, Luise von Gruthuse, war die Schwester jenes berühmte Gelehrten und Edelmannes, dessen Name einerseits durch die dem König Eduard (aus dem Hause York) erzeigten Gastfreiheit, andererseits durch den fürstlichen Kunstsinn verewigt wird, womit dieser niederländische Mäcen eine Menge kostbare, mit werthvollen Miniaturen ausgestattete Handschriften kopiren liess.

De Praet hatte ähnliche Neigungen. Xenophon, Polybius, Cicero, Plato, Seneca waren seine Lieblingsschriftsteller; er stand im Briefwechsel mit Vives, Viglius und Jakob Meyer, der Historiograph der flandrischen Grafen, besingt ihn in einer emphatischen Ode, wo es u. a. heisst: «Alle Musen huldigen dir und erheben deinen Namen zu den Sternen. Die Geschichtschreiber und Poeten, deren Griffel deine Thaten verherrlicht, preisen dich als ihren Vater und Mäcen. Du bist unser Stolz und der Ruhm unsers Landes, du, der Abkömmling der heimischen Fürsten, deren Wiege hier gestanden hat. Wo fänden sich Worte, dich nach Verdienst zu preisen, dessen angeborner Adel durch so viel Tugenden gekrönt ist, sich der Welt durch so viel glänzende Thaten bewährt

über die Stellung, deren der Uebersetzer der Arbeit von Luis d'Avila sich erfreute, muss ich noch die Worte einiger Zeilen beifügen, in welchen er es für den Beruf der Literatur erklärt, den Ruhm des Kaisers zu verewigen und wenn er für das gute Recht des Geschichtschreibers eintritt, da vollen Glauben zu fordern, wo er in der Lage ist, mehr oder weniger Selbsterlebtes berichten zu können.

Nach Brüssel kam unser Held wahrscheinlich (mit Alba) im Gefolge des Infanten zurück. Der junge Mann, den stets der Gedanke beschäftigte, einmal die niederländische Geschichte seiner Zeit zu schreiben, hatte damals schwerlich eine Ahnung von der Zukunft, als er den nachmaligen Philipp II. zwischen Alba und dem Grafen Egmont und Horn auf jenem selben grossen Platze Brüssels eines Festes sich erfreuen sah, wo später —

Damals lachte ihm das Vaterland in den heitersten Farben entgegen [1] und er bat de Praet um seine Verwendung beim Kaiser für irgend eine ehrenvolle Stellung, aus der er mit der Zeit als

hat, dass selbst der alte Homer, der unerreichbare Dichterfürst, deinem Ruhme nichts zusetzen könnte, wenn er etwa aus dem Elysium zu uns käme.»

[1] Malinaeum tuum plane beaveris. Briefe van Male's. Reiffenberg'sche Ausg. p. 10.

Belgiens kaiserlicher Historiograph hervor-
gehen könnte.

In der That gelang es de Praet, um Ostern
1550 die Stelle eines Geheimschreibers (Ayuda di
cámara oder Kabinetssecretär) im Hause des Kaisers für Wilhelm van Male zu erhalten, welche
bald zu einem innigen und vertrauten Verhältniss
zu dem Monarchen führte, der ein grosser Freund
der Wissenschaft war und oft seine Vernachlässigung
derselben in frühern Jahren beklagte. Selten ver-
ging ein Tag ohne längere Unterhaltung und van
Male wurde dem Kaiser bald unentbehrlich, theils
als Vorleser, theils indem jener seine Gedanken
in allen Lagen, bei Tische, am Kaminfeuer, ja
selbst vom nächtlichen Lager aus [1], der Feder
des Lieblings vertraute, sodass dieser wohl einmal klagen konnte, er sei an den Kaiser wie an
den Pfahl gefesselt. [2]

Es ist keineswegs unwahrscheinlich, dass sich
Karl in solchen vertraulichen Stunden durch seinen Geheimschreiber an der Hand des Urtextes
in Cäsar's Kommentare (de bello gallico) einweihen
liess, die er bisher nur in der Sprache Dante's

---

[1] Quotidianum colloquium. Ad focum ... in lectione
nocturna. Ibid. p. 26. 27. 35. 45.

[2] Tanquam ad palum alligatus. Ibid. p. 54.

und Machiavel's kannte, obgleich es kaum je möglich sein wird, hierüber volle Gewissheit zu erhalten.

Am 31. Mai 1550 verliess der Kaiser, von
wichtigen Angelegenheiten nach Deutschland ge-
rufen, Brüssel. Am 14. Juni in Köln angekommen,
ging er von da — in fünf weitern Tagen — rhein-
aufwärts nach Mainz, von wo aus van Male — auch
auf dieser Reise sein Begleiter — wie es scheint,
zum ersten mal an de Praet geschrieben hat; wie
es scheint, sagen wir, denn der Brief ist leider
verloren und nur sein summarischer Inhalt [1] aus
einer flüchtigen Recapitulation [2] in einem spätern
von Augsburg (17. Juli desselben Jahres) datir-
ten Schreiben auf uns gekommen, den wir hier
nach M. Mignet's getreuer (in Druck erschienener)
Uebersetzung folgen lassen: «Die freien Tage
auf dem Schiffe widmete der Kaiser der histori-
schen Muse, indem er sich daran machte, die
Geschichte seiner Fahrten und Züge bis auf das
Jahr 1515 zurück, zu schreiben. Es ist eine wun-
derbar gelungene Arbeit, deren Geist und Anmuth

---

[1] Intelligo nullas e meis (litteris) tibi redditas esse.
Scripseram fusissime .... Despero hujus infortunii memor
quod litterae meae sint interceptae. Ibid. p. 11. 12.

[2] Brevem anacephaleosim. (Ibid. p. 12.)

mich überraschte, da ich weit entfernt war, solche
Talente bei dem Kaiser zu suchen, der, wie er
mir oft genug selbst sagte, dem Unterricht nichts,
sondern alles dem Selbststudium späterer Jahre
verdankt. Mit richtigem Takte hat Er seinem
Werke die beiden vornehmsten Bürgschaften histo-
rischen Erfolges mitgegeben, die gewissenhafteste
Treue und die einfache Würde der Sprache.» [1] In
einer Nachschrift setzt der Briefsteller hinzu: «Der
Kaiser war so gnädig, mir das Uebersetzen seines
Buches zu gestatten; er will es nur zuvor von
Granvella und seinem Sohne durchsehen lassen.
Ich werde dazu eine eigene neue Schreibart wählen, in der ich mich bemühen werde, das Eigen-
thümliche von Livius, Cäsar, Sueton und Tacitus
zu mischen und zu verschmelzen. Der Kaiser

---

[1] Scripsi e Moguntiaco Cäsaris iter; liberalissimas ejus
occupationes in navigatione fluminis Rheni, dum otii occa-
sione invitatus scriberet in navi peregrinationes suas et
expeditiones quas ab anno XV in präsentem usque diem
suscepisset... Libellus est mire tersus et elegans, utpote
magna ingenii et eloquentiae vi conscriptus. Ego certe
non temere crediderim Cäsari illas quoque dotes inesse,
quum, ut ipse mihi fatetur, nihil talium rerum institutione sit
consecutus, sed sola meditatione et cura. Quod attinet ad
auctoramentum et gratiam, vide, obsecro, quibus fulcris
innitentur scilicet fide et dignitate, quibus potissimum duo-
bus et commendatur et viget historia.

begeht übrigens ein Unrecht an sich selbst und
dem Jahrhundert, dem er dieses Erzeugniss entziehen und es hinter tausend Riegeln verwahren
will. » [1]

Ueber den neuen Styl der ihm vorschwebte,
giebt unser Verfasser selbst einen Fingerzeig in
seiner Bearbeitung des Avila'schen Feldzugsberich-
tes (oben p. VII), wo er sagt: «Es ist nicht mehr
denn billig, dass Thaten, die alles hinter sich lassen, was je und irgend Grosses geschah, auch in
einer würdigen Sprache erzählt werden, die sich
dazu eignet, das Gemeingut aller Nationen zu
sein.

Vielleicht wird man mir im vorliegenden Fall
vorwerfen, ich habe eine neue und allzu freie Art
zu übersetzen angenommen, aber ich habe nur
den Grundsatz befolgt, mich im Wesentlichen an
den gegebenen Text zu halten, d. h. den Sinn
desselben so getreu als möglich, wenn auch in
andern Worten und Wendungen, wieder zu geben.»

---

[1] Cäsar indulsit mihi libri sui versionem, ubi fuerit per
Granvellanum et filium recognitus. Statui novum quod-
dam scribendi temperamentum effingere, mixtum ex Livio,
Cäsare, Suetonio et Tacito. Iniquus est tamen Cäsar no-
bis et saeculo. quod rem supprimi velit et centum clavibus
servari. Ibid. p. 13.

Nach Montaigne [1] gingen sowohl der Besieger Harriadin's Barbarossa, als der Eroberer Galliens davon aus, ihre Thaten, nicht ihre Worte reden zu lassen. So scheint es, wollte auch van Male, dass sein Buch für den Soldaten so gut wie für den Historiker ein Muster und Vorbild werden sollte [2], und er nahm sich vor, einen Reflex classischer Literatur auf die Kommentare seines erlauchten Herrn fallen zu lassen, um dadurch den Römischen Kaiser dem alten Cäsar näher zu rücken.

In Augsburg brachte Karl seine Aufzeichnungen zu Ende, die einen Zeitraum von 1515 bis zum Herbst 1548 umfassen. Er hatte sich an dem genannten Orte mit van Male eingeschlossen und demselben vier Stunden ununterbrochen in die Feder dictirt. Wahrscheinlich betrachtete er in den Instructionen, die er am 18. Januar desselben Jahres [3] seinem Sohne übergab, die Quintessenz

---

[1] Si les gestes de Xénophon et de César n'eussent de bien loing surpassé leur éloquence, je ne croy pas qu'ils les eussent jamis escripts; ils ont cherché à recommander non leur dire mais leur faire. Essais, I, 39.

[2] Die Kommentare Cäsar's, sagt Plutarch, werden von den Zeitgenossen als vollendetes Muster gepriesen, gleich sehr geeignet, Kriegshelden wie Geschichtschreiber zu bilden.

[3] Sandoval (Ed. Anvers, II, p. 475). Granvella, Staats-

seiner Geschichtserzählungen am Ende des Jahres
1548 (um diese Bezeichnung einer spätern Zeit zu
entlehnen). In beiden sind den Verhaltungsregeln
für den Thronerben rührende Klagen vorangeschickt
über die Gebrechen, unter denen der Kaiser zu
leiden, über die Gefahren, die er zu bestehen
hatte und über die Dunkelheit der Pläne, welche
die Vorsehung durch ihn verfolge.

Vor Allem war es unbedingte Hingebung an
den katholischen Glauben, was der Kaiser seinem
Sohne zur Pflicht machte. Auf die Verwirklichung
der auf das nach Trient berufene Concil gestell-
ten Erwartungen sollte ohne Schwäche und ohne
Ueberhebung hingearbeitet werden. Nach Aussen
wurde ihm Klugheit und Geschick in der Leitung
der Verhältnisse empfohlen, die Freundschaft Englands neben steter Rücksicht auf Frankreich; im
Innern eine Politik der Grossmuth und Versöh-
nung in Deutschland, der Wachsamkeit und Energie
in Italien, der Weisheit und Mässigung in den
Niederlanden, welche stets jedem fremden Regiment
mit misstrauischer Eifersucht entgegentraten [1].

schriften III. 267. Eine italienische Uebersetzung dieser
Instructionen befindet sich in der Bibliothek des Vaticans,
Nr. 756.

[1] Los de alli non pueden bien sufrir ser governados
por estrangeros.

Endlich empfiehlt der Kaiser überall und immer, den Frieden hoch zu halten, dessen unschätzbarer Werth an den Folgen jedes unternommenen Krieges hervortritt, haushälterische Benutzung der Kräfte des Staats, unbestechliche Rechtspflege, unerbittliche Strenge gegen Missbräuche und gewissenhafte Achtung vor jedem Recht.

Ueberall in den Instructionen wie in den Kommentarien tritt der stete Hinblick auf den Unbebestand aller menschlichen Dinge hervor. [1]

Van Male versichert zwar, dass der Kaiser seine Kommentare bis auf die Gegenwart (in welcher jener schreibt) [2], fortführen wollte; aber vermuthlich fand er keine Zeit dazu, denn die der Nachwelt erhaltenen Dictamina (andern Inhalts) nahmen den grössern Theil der kaiserlichen Muse während des längern Hoflagers zu Augsburg, 1550 und 1551 [3]

---

[1] La continua instabilidad y mudança de las cossas terrenas.

[2] In präsentem usque diem. Briefe Wilh. van Male's, p. 12.

[3] Auch die artilleristische Abhandlung: «Discorso de l'artilleria de l'imperadore Carolo V, scritto a mano 1552», soll nach einer Notiz des Hulsius, welche der Herausgeber der Gefälligkeit unsers gelehrten Secretärs, Herrn Quetelet, verdankt, aus jener Periode herrühren.

**

im gastlichen Schatten der Fugger'schen Gärten [1]
in Anspruch.

Um auf die Memoiren gegenwärtiger Aufzeichnungen zurückzukommen, so unterliegt es wohl kaum
einem Zweifel, dass die Zusage, welche van Male
in Mainz erhalten hatte, nicht in Erfüllung gegangen ist; denn nirgends findet sich eine Spur,
dass der Kaiser das Manuscript Granvella oder
dem damals dreiundzwanzigjährigen Infanten mit-
getheilt hätte. Van Male selbst spricht diesen
Zweifel, wie Mignet treffend bemerkt, schon in
dem Postscriptum zu demselben Briefe (Augsburg,
17. Juli 1550) [2] aus, in welchem er des kaiserlichen Versprechens Erwähnung thut, und in spätern Briefen desselben verräth sich eine nur zu
sichtliche Ungeduld über den Auftrag seines Gebieters, (statt der Aufzeichnungen) eine Uebersetzung von Olivier de la Marche's befreitem
Ritter zu liefern. Es scheint, dass sich der Kaiser, der nun mit starken Schritten der schwierig-
sten Periode seines Lebens entgegen ging, von
der mit ihm anhebenden Neuen Geschichte
und ihren ruhelosen aufreibenden Kämpfen und

---

[1] Hortis amoenissimis ... Caesar capitur loci amoeni-
tate (Briefe van Male's, p. 26).

[2] Oben p. XII.

Wirren abwandte, um in der erloschenen Fabel-
welt des romantischen Ritterthums, das in dieser
Gestalt selbst nur ein Fabelwesen ist, Zuflucht zu
suchen.

Es war nämlich zu Ende des Jahres 1551, als
Karl den unglücklichen Gedanken ausführte, seine
Residenz in Innspruck aufzuschlagen, wo die weite
Entfernung von den Schwerpunkten der deutschen
Politik seinen Feinden gewonnenes Spiel gab und
nicht einmal die erforderlichen Truppen zur Hand
waren, um seine persönliche Sicherheit zu ver-
bürgen. Im folgenden Frühjahre, 4. April 1552,
schrieb er an seinen Bruder, den römischen König:
«Gott weiss, was noch aus mir werden soll in
meinen alten Tagen! In Deutschland ist kein
Halt mehr, meine Feinde haben das Heft in der
Hand und Niemand tritt für mich auf; da sitze
ich nun hier ohne Macht und Ansehen. Alles wohl
erwogen bleibt mir nur die Wahl, grosse Schmach
zu leiden oder grossen Gefahren zu trotzen, und
da habe ich mich denn in Gottes Namen zum
Letztern entschlossen, denn die Gefahren mag
Gottes gnädige Fürsorge abwenden oder bessern,
die Schmach aber bliebe ewiglich.» [1]

[1] Lanz, Corresp. des Kaisers Karl V., III, 161. Buch-
holtz, Gesch. der Regierung Ferdinand I., IX, 549.

**2

In diesen trüben Tagen, am Vorabend seiner
Flucht, dachte der schwergeprüfte Monarch an
seine Memoiren und das ihnen in Mitten so vieler
Gefahren bevorstehende Schicksal. Da dieselben
den Schlüssel seiner ganzen Politik und insbesondere sein Urtheil über die Schuld der protestantischen Fürsten und die von ihnen begangenen
Fehler enthielten, so gebot die Vorsicht, dieselben
um jeden Preis in Sicherheit zu bringen, und in
der That gelang es einem treuen Diener, damit
mitten durch die im Mittelmeer kreuzenden Galeren Frankreichs und des Halbmondes nach Spanien zu entkommen, wo allem Anschein nach
das kostbare Pfand (die Dictate des Kaisers an
van Male) dem Infanten mit einigen Begleitzeilen
seines kaiserlichen Vaters übergeben wurde, welche
die hohe Bedeutung der Sendung hervorhoben und
zugleich gewisse Vorschriften bezüglich der derein-
stigen Eröffnung enthielten, Zeilen, welche der
Kaiser übrigens nicht einmal ganz zu Ende zu
bringen mehr Zeit gefunden hatte!

Die also geretteten Papiere wären unfehlbar in
die Hände des gefährlichsten Feindes des Kaisers,
des Herzogs Moritz von Sachsen gefallen, welcher
sogleich nach seinem Einzug in Innspruck nicht
allein die kaiserliche Residenz, sondern selbst

van Male's Quartier sorgfältig durchsuchen (und ausplündern) liess, sodass man sich, worauf ja auch jener selbst anspielt, kaum des Verdachtes erwehren kann, es habe die kaiserfeindliche Partei durch den aufgefangenen Brief van Male's (von Mainz aus geschrieben, s. oben p. xII) von dem Vorhandensein und der Richtung dieser Aufzeichnungen hinreichende Kunde gehabt, um deren Besitz mit allen Mitteln zu erstreben.

Zwischen dieser Innsprucker Flucht, die den Unwillen des Don Juan d'Austria in so hohem Grade erregte und der (durch Gallait's Pinsel verewigten) Abdankung zu Brüssel ist kein Ruhepunkt, der die Fortsetzung der Kommentare ermöglicht hätte; jeder Tag hatte seine Gefahren und Kämpfe, zum Mindesten seine Aufregung und Unruhe, und die Frage ist nur die, ob später in Yuste noch etwas an dem Werke gefördert wurde. Man hat hierüber verschiedene Meinungen, die unsrige besteht in Folgendem.

Ohne allen Zweifel hatte Karl darauf gerechnet, in der Ruhe der Zurückgezogenheit das Werk zu vollenden, das er unter Waffenlärm und mitten in den Labyrinthen einer vielverschlungenen Politik begonnen hatte. Es musste ihm ein Anliegen sein, die in den französischen und Religionskriegen eingehaltene Rolle dem Römischen Stuhl und den Fürsten gegenüber zu rechtfertigen und zu zeigen, dass er in allen Lagen (auf den sächsischen, italienischen, lothringischen Schlachtfeldern, in den Sälen der Reichsversammlungen), wie auf dem glühenden Strand von Tunis und Algier, derselbe geblieben, das rechtmässige, von Gott gesetzte Oberhaupt der Christenheit im schweren Kampfe mit innern und äussern Feinden [1], in dessen Bedrängnissen ihn, wie er selbst in einem Briefe sagt, wo jedes Wort seine tiefe Bedeutung hat, nur die Hoffnung aufrecht hielt, am Ende als treuer und nützlicher Arbeiter im Dienste Gottes erfunden zu werden.

Gleich bei der Ankunft auf spanischem Boden hatte der Kaiser seinen Entschluss kund gegeben, seine Dienerschaft bis auf den mitgebrachten, ihm längst unentbehrlich gewordenen van Male [2] zu entlassen. Mit ihm wollte er sich, wie einst in Augsburg (zur Fortsetzung seiner Memoiren) ein-

---

[1] Der Kaiser, schreibt Tiepolo, lässt es in keiner Weise an dem Eifer und der Hingebung für die Sache der Kirche fehlen, die man irgend von dem Oberhaupt der Christenheit erwarten kann. Vergl. Pichot's Chronik Karl's V., p. 149.

[2] Gatzélu's Schreiben vom 11. Oct. 1556 in Gachard's «Die Zurückgezogenheit und das Ende Karl's V.», I, 18. 19.

schliessen, jetzt um so sicherer vor jeder Ver-
lockung der Eitelkeit, als die Arbeit fortan am
Rande der von ihm gewählten Gruft vor sich gehen
sollte.

In der Ausführung wurden aber diese Pläne
von andern Beschäftigungen verdrängt und van
Male's Aufgabe gestaltete sich vielmehr so, dass
er seine Zeit zwischen dem Vorlesen beim Mahle
des Kaisers und den täglich an den Staatssecretär
Don Juan Velasquez zu erstattenden Bulletins [1]
über das kaiserliche Befinden theilte; dabei befestigte er sich übrigens täglich mehr in der Gunst
seines Gebieters, sodass er sich sehr bald die
ganze Wucht der Eifersucht von Seiten der Spanier
zuzog.

Man muss in diesem letzten Lebensabschnitt
unsers Helden zwei Perioden unterscheiden. Die
erste hat noch nicht die düstere Färbung von
später; der erlauchte Einsiedler hatte die Hoffnung noch nicht aufgegeben, seine vor der Zeit
zerrüttete Gesundheit wieder zu befestigen und
träumte noch von dem Bau von Lusthäusern, der
Anlage von lachenden Gärten, plätschernden Brunnen, forellenreicher Gewässer. In der Folge hatte

---

[1] Van Male's Schreiben vom 11. April 1557. Gachard,
a. a. O., II, 167.

aber das tückische Uebel, das an seinen Kräften
zehrte, schon solche Fortschritte gemacht, dass sich
das Gemüth des hohen Kranken, obgleich seine Gei-
steskräfte vollkommen unversehrt blieben, mehr und
mehr verdüsterte und der Kaiser von den Erinnerungen, selbst seiner glänzendsten Jahre, nur die
anklebenden Schatten und Bitterkeiten hervor-
kehrte und seine Gedanken allmählig ganz von
dem Irdischen abwandte. Wie sorgfältig man auch
die zahlreichen Briefe aus seiner Umgebung mu-
stert, die von jedem tagtäglichen Vorkommniss
gewissenhaften Bescheid geben, nirgends findet sich
eine Spur von Dictaten, und sollten solche gleichwohl existiren, so könnten sie jedenfalls nur ganz
beschränkten und fragmentarischen Inhalts sein.

Zwar machte sich der Kaiser zuweilen Gedanken über das Urtheil der Nachwelt, allein er begnügte sich in solchen Augenblicken auf die dick-
leibigen Kompilationen von Florian Ocampo und
Ginès Sepulveda zu verweisen [1] und nur einmal
entschlüpfte ihm, gegenüber dem Pater Francisco
di Borja, den er mit einer Mission nach Portugal
betraute, die Frage: «Glauben Sie, dass es eine
Regung der Eitelkeit ist, die Geschichte seiner

---

[1] Brief des Kaisers vom 9. Juli 1558 bei Gachard,
a. a. O., I, 310.

eigenen Thaten schreiben zu wollen? Sie sollen
nämlich wissen, dass ich alle meine Feldzüge
(jornadas) mit ihren Anlässen und den Beweg-
gründen, die ich dabei hatte, beschrieben habe,
doch bin ich mir dabei bewusst, dass weder Ruhm-
sucht noch Eitelkeit oder Selbstliebe mich im
Schreiben geleitet hat.» [1]

Gewiss haben diese Worte eine Beziehung auf
das vom Jahre 1550 herrührende Buch: **Abriss
meiner Reisen und Feldzüge** (Sommario das
viages et jornadas), zu welchem der Kaiser in
einem beigegebenen Briefe zu versichern nothwendig fand, er habe es nicht aus Eitelkeit geschrieben.

Aehnliche Beweise einer Selbsterniedrigung,
die geflissentlich alles vergessen und begraben
wollte, was der Kaiser Grosses und Ruhmwürdiges
gethan, scheint dieser auch dem Vorsitzenden des
Rathes von Castilien, Juan de Vega, gegeben zu
haben, welcher auf die Nachricht von seinem Tode
schreibt: «War denn dieser Mönch von Yuste

---

[1] Ribadeneyra vida del P. Francisco de Borja, p. 113;
Sandoval (Antw. Ausg.), II, 617. Zu vergl. Sepulveda:
nach welchem der Kaiser die Aufmunterung günstiger
Berichterstatter von Seiten mancher Fürsten als Eingebungen des Ehrgeizes betrachtet.

derselbe Mann, dessen Armeen mehr als einmal
die Welt zittern machten? wo sind jene wehenden
Banner, jene eisenklirrenden Geschwader geblieben,
von denen sich kein Ton, kein Hauch, auch nur
der Erinnerung, über die Schwelle jenes lebendigen
Grabes wagen durfte, als hätte der Insasse desselben sein ganzes Leben in dieser Einsamkeit
zugebracht.»[1]

Doch schwerer als diese von Karl's Lebens-
weise in dieser letzten Periode seines Lebens her-
genommenen Vermuthungen wiegt (für die Frage,
welche uns hier beschäftigt) das directe Zeugniss
von Ambrosio de Moralès (der anno 1564, sechs
Jahre nach des Kaisers Tod schrieb), dass die
Kommentare nicht zu Yuste, sondern in Deutschland entstanden seien, wobei der Verfasser noch
seine Verwunderung ausspricht, dass der Monarch
mitten im Zug seiner Kriegsthaten[2] zu einem genauen fortlaufenden Bericht derselben Zeit und
Stimmung gefunden.

In dem Inventar über den Nachlass von Yuste
ist auch ein Band Memoiren (Memorias) aufgeführt «nebst einer goldenen Feder». Sollte dies

[1] Sandoval vida del Emp. Carlos V en Yuste (Antw.
Ausg.), p. 619.

[2] En toda la braveza de sus guerras.

die Feder des Kaisers sein, zwischen den letzten
Blättern liegen geblieben? Zwei Umstände schei-
nen einer solchen Annahme (auf den ersten Anblick) zu Hülfe zu kommen: dass die Kommentare
bei Granvella in der That unter dem Namen Memorias
vorkommen und dass jenes Buch im Katalog gleich
hinter (oder neben) den Schriften und Karten im
unmittelbar täglichen Gebrauch des Kaisers steht.
Aber wie sollte der Verfasser des Inventars, der
sonst nirgends unterlässt, bei jedem, Büchern,
Löffeln u. s. w. gewissenhaft sein « im eigenen Gebrauch » beizusetzen, gerade in Ansehung dieser
Memoiren so respectwidrig gleichgültig gewesen
sein, wenn dieselben nicht vielmehr anstatt einer
allerhöchsten Selbstbiographie blosse Rechnungen,
Haushaltnotizen u. s. w. waren; denn all dies liegt
in dem Umfang des Wortes memorias!? Auch ein
Portefeuille von schwarzem Sammet war in Yuste
neben solchen Papieren, welche van Male selbst
in seiner Obhut hatte. Dort haben wir ohne
Zweifel die politische Correspondenz des Monarchen zu suchen, aber leider wurden dem Treu-
händer gerade alle Blätter mit dem Text der Kommentare rücksichtslos, beinahe mit Gewalt [1], wie

---

[1] Quasi por fuerça. Schreiben des Kardinals Granvella
7. März 1561 in des Genannten Staatsschriften, VI, 290.

van Male bitter klagt, von Quijada weggenommen. «Es ist meine Arbeit [1], rief jener bei dieser Brutalität aus, es dürfte jedoch höchstens darunter eine erste nur theilweise ausgearbeitete Anlage verstanden sein, da derselbe van Male selbst versichert, er habe einen grossen Theil noch gar nicht zu Papiere gebracht gehabt. [2]

Was ist nun aber aus diesem Manuscripte geworden, sei es vollendet und durchgesehen gewesen oder unfertiger Entwurf, beziehungsweise Dictat geblieben? Sollte es Philipp II. haben verschwinden lassen? Es ist aber ebenso gewagt, ihn dessen anzuklagen, als es schwer hält, sich dieses Verdachtes ganz zu entschlagen.

Zwar würde er die Veröffentlichung nimmermehr geduldet haben, aber er liess doch geschehen, dass sein Historiograph Moralès Karl V. als denkwürdiges Beispiel eines gekrönten Selbstbiographen anführte und die oben gemeldete glückliche Ankunft des Manuscriptes von Innspruck in Spanien spricht jedenfalls für ihn. [3] (Wir haben oben ge-

---

[1] Diziendo que eran sus travajos. Ibid.

[2] Tenia en la memoria buena parte. Ibid.

[3] Jenes Codicill Philipp's II., das die Vernichtung gewisser Papiere befiehlt, dürfte kaum auf die Kommentare Bezug leiden. Wie sollte der König von einem

hört[pag. xxvIII], dass van Male einen grossen Theil
der ihm anvertrauten Memoiren noch ungeschrieben
im Gedächtniss bei sich trug.) Ob er in der
Heimath, wohin er aus Spanien mit Gunstbezeu-
gungen überhäuft zurückkehrte -- es war ihm
selbst die ausgezeichnete Ehre zu Theil geworden,
im Testamente des Kaisers aufgeführt zu sein —
je dazu gekommen ist, diesen Schatz seines Ge-
dächtnisses zu heben [1], ob er etwa die neugewon-

Werke seines Vaters in so vagen und geringschätzigen
Ausdrücken gesprochen haben, als: papeles de otras qua-
lesquier personas, especialmente de los defunctos, und
wie sollte sich mit einer solchen Bezichung der Gegensatz
der Papiere von Wichtigkeit (Papel de importancia) rei-
men, die aufbewahrt werden sollen (que convenga quar-
dar)? liegt es doch gewiss ungleich näher, den literari-
schen Nachlass des Kaisers unter diese letztere Kategorie
einzureihen!

[1] Herr Arendt glaubt in dem ausführlichen Bericht
Sepulveda's über die Einnahme von Hesdin und Térouanne
einen Auszug aus den zu Yuste vollendeten Kommentaren
(Karl's V.) entdeckt zu haben. Aber wenn diese Kommentare sechzehn Kapitel der Wegnahme jener beiden
Städte widmen konnten, welch ungeheuren Umfang müsste
das Ganze gehabt haben! Es ist zwar zu ersehen, dass
van Male dem Verfasser (Sepulveda) die Unternehmung
als eine sehr wichtige bezeichnet und demselben dazu eine
ausführliche Beschreibung versprochen hatte. War nun
aber diese letztere aus Mittheilungen des Kaisers geschöpft,
so würde van Male ganz gewiss nicht unterlassen haben,
einen Umstand von dieser Wichtigkeit besonders hervor-

nene Muse zu jener lateinischen Uebersetzung
(oben p. xiii) benutzte, welche die bedeutendsten

zuheben, was er nirgends gethan hat. Ferner: wäre Sepulveda hier durch die Vermittelung van Male's so glück-
lich gewesen, eigene Mittheilungen seines Helden zu benutzen, so hätte er sich doch sicher diese kostbare Quelle
auch für andere wichtigere Partieen seines Werkes zu er-
schliessen gesucht. Sepulveda's Brief erschien 1557
im Druck; damals lebte der Kaiser noch und wir stehen
daher einfach vor folgendem Dilemma: entweder hatte
dieser den Gebrauch von Aufzeichnungen seiner eigenen
Hand erlaubt (denn dass man gewagt hätte, sie ohne sein
Vorwissen zu benutzen, das kann offenbar gar nicht in
Frage kommen), dann hätte man abermals nicht verfehlt,
diese Liberalität und Herablassung (humanitatem) des
Monarchen rühmend zu erwähnen (was auch hier nicht
geschehen ist), oder der Kaiser hatte die Erlaubniss ver-
weigert. Karl V. war bei jenen zwei Belagerungen per-
sönlich nicht betheiligt und alles, was wir wirklich von
seinen Aufzeichnungen besitzen, deutet darauf hin, dass
er mit eingehenden Details nur über die Unternehmungen
schrieb, an welchen er unmittelbar handelnd Antheil genommen. Man begreift übrigens ganz gut, dass van Male
sich von seinen Freunden in Flandern genauen Bericht
über einen Kriegszug verschaffen konnte, dessen Augen-
zeugen sie waren. Herr von Reiffenberg macht die Bemerkung (in van Male's Briefen, p. xx), dass mehrere wohl-
unterrichtete Personen sich anheischig gemacht hatten,
ihm ebenso wahrheitsgetreue als anziehende Aufzeichnungen
mitzutheilen. Marchetus, der 1555 eine Geschichte jenes
Feldzugs, bei welchem er anwesend war, veröffentlichte,
meldet, es gäbe darüber andere Berichte, in welchen dieselben Ereignisse ausführlicher (luculentius) beschrieben
seien.

Thaten der neuern Geschichte mit den glanzvoll-
sten Erinnerungen des klassischen Alterthums
umweben sollte? — auch dies wird wohl nie vollständig aufgeklärt werden, denn wir haben hierüber (für die verneinende Antwort) nur das Zeugniss des Kardinals Granvella, bei dem sich unser
Autor beklagte, dass er sich seit seiner Heimkehr
noch nie hinreichend wohl befunden habe, um
seine Arbeiten aufzunehmen. [1]

In der That folgte er schon nach zwei Jahren
und drei Monaten (Neujahr 1561) seinem kaiserlichen Mäcen und Wohlthäter ins Grab. Oft und
viel hatte der Verstorbene — was wir ebenfalls
durch Granvella erfahren — seinen Freunden —
er besass deren viele [2] — sein Herz geöffnet
in Betreff jener Arbeit, die der schöne Traum
und das Ziel seines ganzen Lebens war und es
unterliegt kaum einem Zweifel, dass diese, durch
einen frühzeitigen Tod abgeschnittenen Pläne in
anderen Ländern, welchen Karl V. seine Fuss-

---

[1] Que esperava algun dia escrivir algo por memoria
de su amo, lo qual dezia que no havia aun empezado
por haver estado por acá siempre achacoso y doliente.
Staatsschriften Granvella's, VI, 290.

[2] He sabido que muchos dias ántes que muriesse,
rasgó y quemó muchos papeles, y que viviendo se havia
quexado muchas vezes á algunos amigos suyos. — Ibid.

tapfen eingedrückt hatte, ein Echo gefunden haben. [1] Vor Allem in Italien und in Italien in
Venedig, welches, wie Philipp Commines schon sagt,
weiser verwaltet würde als das Land irgend eines
Fürsten. In der That geschah (damals) nichts in
Europa, wovon man in St. Marko nicht Kunde
hatte; namentlich unterhielt Antwerpen, das Venedig der Schelde, einen äusserst lebhaften, man
möchte sagen täglichen Verkehr mit der Königin
der Adria und ihrer Kaufmannschaft, ja es war
1559 sogar zur Absendung einer ausserordentlichen
Gesandtschaft der «Republik» nach den Niederlanden gekommen.

Zur Zeit nun da van Male seinen Geist aufgab,
erschien in Venedig ein Leben Karl's V., dessen
Verfasser, der Nobile Luis Dolce, von dem Kaiser
bemerkt, er habe das Französische vollkommen
inne gehabt. «Man sagt» — so heisst es weiter
— «dass er in dieser Sprache sehr schöne Kommentare über seine Thaten geschrieben habe und

[1] Die Gerüchte von den Kommentaren Karl's V. und
dass von dem kaiserlichen Dictat eine lateinische Uebersetzung im Werk sei, mögen sich erst nach van Males
Heimkehr verbreitet haben. Noch 1559 weiss Zenocarus
nichts Sicheres und verweist nur (im Allgemeinen als Bedenken gegen das on dit) auf Karl's oben geschilderte
Gewissensskrupel (p. xxiv): «Veritus (Caesar) ne laudis pro-
priae avidus a Deo censeretur.»

wie ich höre, ist eine Uebersetzung derselben in's
Lateinische im Werke, welche seiner Zeit erscheinen wird.» [1]

Italien war damals noch voll Erinnerungen an
den Kaiser und der Gedanke seine Geschichte zu
schreiben entstand gleichzeitig bei Bernardo Tasso,
dem Vater des grossen Torquato, der den Ruhm
«den Schatten eines Traumes» nennt und bei
Girolamo Ruscelli, der sich schon zuvor mit der
Lebensbeschreibung berühmter Männer beschäftigte. Ruscelli trat hierbei in einer Beziehung in
Carlo Dolce's Fusstapfen, sofern er nämlich dessen
Notiz über die Kaiserkommentare beinahe wört-
lich wiederholt, nur dass er noch den verketzerten
Namen des designirten Uebersetzers drein giebt. [2]
Dolce hatte eine künftige Uebersetzung verkündigt,
Ruscelli, der beinahe in derselben Zeit und in
derselben Stadt schreibt, geht einen Schritt wei-
ter; er weiss dieselbe schon unter der Presse.

---

[1] Alcuni bellissimi commentari delle cose da lui fatte,
i quali, come odo, hora si traducono in latino e si da-
rano fuori. Diese so allgemein gehaltene Nachricht ging
unverändert in die 2. Aufl. von 1565 über; man hatte
also, wie es scheint, mitten in Venedig nichts mehr
über die Sache erfahren.

[2] Man erwartet von Tag zu Tag die Ausgabe einer
lateinischen Uebersetzung durch Guilielmo Marinde! —
***

Dass dies Letztere wenigstens in Beziehung auf
Venedig als Druckort ein Irrthum sein muss,
leidet gar keinen Zweifel. Van Male stand auch
nach seiner Rückkehr nach Brüssel in spanischem
Brot, er hatte die dortige Schlosshauptmannschaft
neben einem Gnadengehalt erhalten und durfte es
nimmermehr wagen, einen Gegenstand so zarter
Natur verstohlenerweise von Venedig [1] aus vor die
Oeffentlichkeit treten zu lassen. Wahrscheinlich
läuft übrigens das Ganze auf die sehr verdächtige
Gewährschaft Brantôme's hinaus, welcher die An-
deutungen Dolce's und Ruscelli's falsch verstanden
und übertrieben hat.

«Man sagt» — so schreibt der französische
Chronist — «der grosse Kaiser habe selbst ein
Buch gemacht wie einst Cäsar sein lateinisches.
Ob es wirklich so ist, weiss ich nicht; ich habe
nur in der Sammlung von Belleforest einen aus
dem Italienischen übersetzten Brief gesehen, der
es bezeugt und wonach das kaiserliche Werk von

---

[1] Eher lässt sich umgekehrt annehmen, dass solche
und ähnliche Gerüchte wie sie hiernach in Venedig um-
liefen, zu der Durchsuchung von van Male's Nachlass gleich
nach seinem Tod den Anstoss gegeben haben mögen.
«He ententido» (ich habe vernommen u. s. w.) — mit diesen
Worten begleitete Philipp II. die betreffende (dringende)
Ordre an den Kardinal Granvella.

einem Guillaume Mariade in's Lateinische übersetzt worden wäre. Ich kann aber die Sache nicht
glauben; denn würde ein solcher Schatz von einem
Buche wirklich existiren, so würde sich alle Welt
darum reissen und drängen, wie in einer Hungers-
noth um das liebe Brot; Jeder würde es kaufen
wollen, Keinem wäre es zu theuer.»

Abgesehen von der nackten Anzeige einer Ausgabe (unserer Kommentare), die zu Anfang des
XVII. Jahrhunderts in Hanau unter den Auspicien
eines Schwiegersohnes Wilhelms des Verschwie-
genen von Oranien erschienen sein soll [1] ist der
über die van Male's Uebersetzung ausgebreitete
Schleier während drei Jahrhunderten nicht gelüftet

---

[1] Teissier, welchem alle Anderen nachschreiben, die
von einer Hanauer Ausgabe der Kommentare Karl's V.
wissen wollen, sagt weiter nichts als: Carolus Quintus
scripsit de propria vita libellum qui prodiit Hanoviae
1602. Aber wie nahe liegt hier die Annahme, dass das
Quintus ein Irrthum, dass es heissen muss: Carolus Quar-
tus?! denn in dem genannten Jahr erschien wirklich in
Hanau — unter einer Sammlung böhmischer Geschichtschreiber — eine Selbstbiographie Kaiser Karl's IV.; ich
verdanke diese Notiz dem Herrn Dr. Hoffmann in Ham-
burg. Es ist die Sammlung von Marquard Freher ge-
meint, in welcher die genannte Lebensbeschreibung an-
geführt wird als: Caroli Bohemiae regis et postea impe-
ratoris de vita sua commentarius ab ipso scriptus. Es
ist, däucht mir, unmöglich, hierin nicht den Grund der
Teissier'schen Verwechslung zu erkennen.

***2

worden; aber gerade dieses geheimnissvolle Dunkel
scheint das Interesse daran gesteigert zu haben,
und es gereicht dem Geburtslande des grossen
Kaisers zu nicht geringer Ehre, dass es gerade
die erste gelehrte Körperschaft Belgiens ist, die
einen hervorragenden Antheil hat an den seit-
herigen Bestrebungen zur Lösung des Räthsels.

Im Jahre 1845 berichtete Gachard, dessen
Name unzertrennlich verschwistert bleiben wird
mit den Forschungen, welche so viel neues Licht
über das XVI. Jahrhundert verbreitet haben — an
die K. Akademie zu Brüssel über seine Bemü-
hungen in Simancas, dem Escurial und zu Madrid,
um einer Schrift auf die Spur zu kommen «deren
Entdeckung von welthistorischem Interesse wäre,
wie ihr wirklicher Verlust nie genug beklagt werden könnte — der eigenhändigen Memoiren des
mächtigsten Herrschers und wohl des tiefsten po-
litischen Kopfes des XVI. Jahrhunderts». Vier-
zehn Jahre waren hingegangen, ohne dass die
unausgesetzten, so fruchtbaren Studien des gelehrten General-Archivars des Königreichs in diesem einen Punkt glücklicher gewesen wären als
eine Bemerkung des H. Arendt die allgemeine Aufmerksamkeit aufs Neue auf diesen Gegenstand
lenkte. Unstreitig gebührt die Ehre der Ent-

deckung von Rechtswegen meinen werthen Collegen von der K. Akademie (in Brüssel), und wenn es der Zufall anders gewendet hat, so geschah es ohne Zweifel um mir Gelegenheit zu geben, hier offen zu bekennen, welch grosse Verdienste sich jene durch ihre unermüdlichen und scharfsinnigen Forschungen erworben haben.

Uebrigens ist es — der geehrte Leser darf hierüber keinen Augenblick in Ungewissheit bleiben — keineswegs der Urtext der Kommentare, der dem Grabe der Vergessenheit entrissen wird; der Fund besteht nur in einer portugiesischen Uebersetzung, dem einzigen Werke, welches in romanischer Zunge in der französischen Abtheilung der kaiserlichen Bibliothek in Paris zu finden ist. Gerade dieser Umstand, dass sich ein iberisches Produkt dorthin verirrt hatte (es ist allerdings dabei auf die spanische Abtheilung No. 10230 verwiesen), hat aller Wahrscheinlichkeit nach am meisten dazu beigetragen, den verborgenen Schatz so lange allen suchenden Blicken zu entziehen![1]

[1] Meine Nachforschungen in Paris hatten Bezug auf die Herausgabe einiger Werke unserer älteren Schriftsteller aus dem XV. Jahrhundert, womit mich die Akademie betraut hatte. Ich kann die verbindliche Zuvorkommenheit nicht genug rühmen, wodurch mir hierbei von Seiten der kaiserlichen Conservatoren meine schwierige und mühevolle Arbeit erleichtert worden ist.

Das sauber und zierlich geschriebene Manuscript trägt den Titel: Historia del invictissimo Emperador Carlos - Quinto rey de Hespanha, composta por Sua Majestade Cesarea, como se vee do papel que vai em a seguinte folha, traduzida da lingoa' francesa e do proprio original, em Madrid anno 1620. (Geschichte des unbesieglichen Kaisers Karl V. Königs von Spanien, von Sr. kaiserlichen Majestät verfasst, wie aus dem Vermerk auf dem nächsten Blatte hervorgeht, aus dem Französischen des Originals übersetzt in Madrid 1620.) —

Im Jahre 1620 also, unter der Regierung Philipp's III. und dem Ministerium des Herzogs von Uzeda, war die Urschrift der Aufzeichnungen in Madrid noch vorhanden. Was ist seitdem aus ihr geworden? Hat sie etwa eine Laune nationaler Eifersüchtelei verschwinden lassen, als sich der Enkel Ludwig des XIV. auf dem Throne Karl's V. niedergelassen? Hat sie, im Anfang unseres Jahrhunderts, vielleicht einigen jener Soldaten als Spielzeug gedient, die sich schwerlich erinnerten, dass sie die Besiegten von Pavia rächten, als sie ihren Sporn klingen liessen über der Gruft des Escurial, wo der Rival Franz I. ruht. Oder liegt die Handschrift vielleicht in irgend einem geheimen Archiv begraben? Hoffentlich wird Spanien es für eine wichtige Aufgabe halten, diese Zweifel zu lösen.

Uebrigens war die Schwäche und der Verfall der Monarchie unter Philipp III. ganz dazu angethan den besseren Geistern der Nation eine schwermüthige Richtung nach der Vergangenheit und der Ruhmperiode Karl's V. zu geben, und so mag es sich am Ende natürlich genug erklären, dass Documente, welche den Sandoval's und Sepulveda's entgangen waren, ihren Nachfolgern (als Reichshistoriographen) in die Hände geriethen. Auch wird noch im Jahre 1623 die Existenz durch Aufzeichnungen Philipps III. Hofhistoriographen von Gilles Gonzalez d'Avila bezeugt; möglicherweise hat er sie selbst vor Augen gehabt — und endlich erklärt sich auch die Uebersetzung in's Portugiesische ohne Schwierigkeit. [1] — Portugal war damals noch in der Vereinigung mit Spanien und Francesco d'Andrada und Antonio de Souza haben gerade um jene Zeit das Leben des portugiesischen Königs Johann (João) III. geschrieben, welcher Karl V. bekanntlich sehr nahe stand.

---

[1] Wenn es wirklich eine Hanauer Ausgabe (jünger als von 1620) gäbe, wie man nach einem Katalog von 1705 annehmen müsste, in welchem eine solche zum ersten mal figurirt), so wird sie wohl eine weitere Uebersetzung unseres portugiesischen Manuscriptes sein, denn König Emanuel heirathete 1646 eine Gräfin von Hanau.

Man hat gesehen, dass unsere Handschrift auf dem zweiten Blatt gewissermassen das Creditiv derselben bildete. Sie lautet also: Treslado do papel que esta em o principio desta historia, escritto per mão propria do Emperador Carlos V. em a lingoa castelhana, o qual papel Sua Majestade mandou d'Alemanha com a mesma historia a el rey Don Philippe seu filho que então era principe de Hespanha, d. h. «Abschrift des spanischen, von der eigenen Hand des Kaisers geschriebenen Zettels, welcher vorn im ursprünglichen Manuscript gelegen hat und von Sr. Majestät mit diesem aus Deutschland an seinen Sohn Don Philipp, damaligen Prinzen von Spanien, geschickt worden ist.»

Unmittelbar darauf folgen ein paar Zeilen an den Infanten über die Entstehung des Werks, welches, wie wir schon von van Male wissen (oben p. XII), während der Rheinfahrt von Köln nach Mainz begonnen und in Augsburg vollendet ward — durch welche Herrn Arendts scharfsinnige Conjecturen vollkommen bestätigt werden. Ferner betheuert der Kaiser daselbst seine Aufrichtigkeit und Wahrhaftigkeit, welche auch die neueren Geschichtschreiber nicht bestreiten (nicht Eitelkeit sei es, was ihm die Feder in die Hand ge-

geben); und bittet schliesslich zu Gott[1], er möge
ihm, zu Seiner Eigenen Verherrlichung die Zeit
gönnen das Werk zu vollenden; von Ihm hofft er
auch auf Erlösung von den Gemüthsunruhen und
Qualen, die man selbst durch diese abgebrochenen
Linien hindurch erkennt.

Wir stehen nun an der Schwelle der Kommentare und der Leser wird ungeduldig sein sie zu
überschreiten. Möge uns seine Nachsicht nur noch
zwei Worte gestatten, nicht Worte der Kritik, sondern nur der Erklärung darüber, was das Werk
nach den Umständen seiner Entstehung sein wollte
und sollte, und was es wirklich geworden ist. Der
weiter zurückliegende Stoff ist mehr chronikartig
behandelt; der Kaiser begnügt sich hier mit einer
einfachen Gruppirung der Thatsachen (wobei man
van Male's helfende Hand erkennt)[2], und diese
bestehen vorzugsweise in jenen zahlreichen See-
fahrten, bei welchen der erlauchte Verfasser bei
seiner Abdankung mit so warmer Beredsamkeit

[1] In der That lassen ihm die Geschichtschreiber darin
Gerechtigkeit widerfahren, dass Er sich immer bescheiden
in seiner Grösse gezeigt hat. («Inanis gloriae et falsae
laudis comtemtor.» Sepulveda.)

[2] Qua in re usus est opera mea et suggestione, nam
velut nomenclator revocabam in memoriam si quid sen-
tirem aut effluere aut prätermitti. (Van Male's Briefe, p. 12.)
****

verweilt, wo er die Vergangenheit noch einmal in
glänzenden Farben der grauen und düstern Gegenwart und dem Ende gegenüberstellt, dessen Schatten schon über ihn hereinragen. Aber in dem
Masse, als sich die Erzählung den denkwürdigen
Feldzügen in Frankreich und Deutschland nähert,
erkennt man in dem Erzähler leicht den Meister
in der Strategie wie in der Politik. Gegenüber
den stets zunehmenden Verwicklungen und Hinder-
nissen gegen den offenen Anprall wie gegen die
Intriguen seiner Feinde, stand er stets als
Mann, eine Aufgabe bemeisternd, die eigentlich,
wie Mignet treffend bemerkt, für die Kräfte Eines
Menschen (den noch dazu körperliche Leiden so
häufig lähmten!) zu gross war. Gerade in den
Kommentarien begegnet man auch allenthalben
der treuen Festhaltung seiner Ueberzeugungen und
der Beharrlichkeit in seinen Vorsätzen, dem uner-
schütterlichen Muthe des schon schwachen und kranken Kaisers im Kampfe mit den mächtigsten feindlichen Bündnissen und den kühnsten Wagnissen der
Denkfreiheit, die alle Schranken der Autorität
durchbrach.

Der Form nach sind die Kommentare eine einfach fortschreitende Erzählung, die gewissermassen
an Cäsars unsterbliches Werk gleichen Namens,

erinnert. [1] Sie bewahrheiten damit das Wort Sepulveda's, der Kaiser habe die ungeschminkte Wahrheit am höchsten gehalten — «simplicis veritatis
amantissimus». Wir haben uns angelegen sein
lassen, diesen Charakter durch das gewissenhafteste
Anschliessen an Diction und Satzbildung (im Gegensatz zu der freien Reproduction van Male's —
oben p. xiv) auch unserer Uebersetzung unge-
schwächt zu erhalten. Die hohe Bedeutung der
nur in dieser ersten und einzigen (portugiesischen)
Uebersetzung auf uns gekommenen Urkunde musste
uns die Pflicht auflegen, jeder Eleganz auf Kosten
der einfachen Treue zu entsagen. Eben so wäre
es ein Leichtes gewesen, auf jedem Blatte kritische
Textnoten und Parallelen mit gleichzeitigen Au-
toren beizufügen; auch davon hat uns die dem
Andenken des Kaisers gebührende Pietät abgehalten. Don Luis d'Avila soll auf seinem Tuscu-
lum in Placensia zwischen den Büsten von Au-
gust und Antonio die Karl's V. aufgestellt gehabt

---

[1] Dieses charakterisirt Cicero also: «Commentarios
scripsit (Caesar) rerum suarum, valde probandos. Nudi
enim sunt, recti et venusti, omni ornatu orationis de-
tracto. Nihil enim est in historia pura et illustri brevi-
tate dulcius.» Auch dies haben beide Werke gemein,
dass die Verfasser in beiden in der dritten Person auf-
treten.

haben mit der Umschrift: Carolo Quinto, Et È
Assai Questo. (Karl dem Fünften; damit ist Alles
gesagt.) Wie er, glauben auch wir den «Kommentaren Karl's V.» nichts von dem Unserigen
beisetzen zu sollen. Es ist nur einfache Gerechtigkeit, dass das Wort des Fürsten, den der treue
Quijada «den grössten Mann» nennt, «der je war
und je sein wird» endlich nach dreijahrhundert-
jährigem Schweigen freies Gehör finde gegen die
Verdächtigungen seiner Widersacher. Späterhin
mag die Geschichte wieder in ihr Richteramt ein-
treten, für jetzt hat sie die Pflicht ihr Urtheil zu
suspendiren, um zuvor zu untersuchen, wie der
Kaiser selbst seine politische Mission und Thätigkeit auffasste, wie er sich selbst richtete im Augenblick, als er schon Anstalten getroffen hatte dem
grössten Machtbesitz, den die Welt je gesehen,
freiwillig zu entsagen, um seine Erinnerungen besser befragen zu können.

Karl der Fünfte an seinen Sohn Philipp,
Prinz von Spanien.

Dies ist die Geschichte, welche ich, als wir auf dem Rheine reisten, französisch zusammenstellte und in Augsburg vollendete. Sie ist nicht so, wie ich wünschte; aber Gott weiss, dass ich sie nicht aus Eitelkeit verfasste, und wenn er sich durch dieselbe beleidigt finden sollte, so ist meine Beleidigung eher meiner Unwissenheit, als meinem bösen Willen zuzuschreiben. Dinge dieser Art haben oft seinen Unwillen hervorgerufen, ich möchte aber ihn nicht bewegen, ungehalten über mich zu sein. Die Gründe dazu werden, wie in andern Fällen, ihm nicht fehlen. Möge er seinen Zorn besänftigen und mich von dem Leiden befreien, in welchem ich mich sehe.

Ich war auf dem Punkte, alles ins Feuer zu werfen, allein da ich hoffe, so Gott mir das Leben erhalten wird, diese Geschichte so auszuarbeiten, dass ihm durch sie kein böser Dienst

1

erzeigt werde, und damit sie hier nicht der Gefahr ausgesetzt sei, verloren zu gehen, so über-
sende ich sie Dir, damit Du sie dort aufbewahren
lassen mögest, und dass sie nicht eher geöffnet
werde, als bis —

Ich der König.

Zu Innspruck 1552.

Abriss der Reisen und Kriegszüge, welche Kaiser Karl unternahm, vom Augenblick seiner Abreise aus den Staaten von Flandern (wo er den 24. Februar 1500, nach der römischen Zeitrechnung, geboren und erzogen war), nach dem Tode des Königs Philipp, seines Vaters, dem Gott seinen Ruhm wahren möge, welcher Tod im Jahr 1516 erfolgte.

Nach dem Tode des Königs Philipp fanden mit Unterbrechungen verschiedene Kriege statt in den Staaten von Flandern, welche wir die Niederlande heissen. Einer dieser Kriege war der, den Kaiser Maximilian im Bunde mit dem König Heinrich (VIII.) von England bestand gegen den König Ludwig (VIII.) von Frankreich. Durch die Gewandtheit nicht weniger als durch die gewohnte Tapferkeit des Kaisers wurden die Franzosen besiegt, als sie Theruanne zu Hülfe kommen wollten.

1 *

Nach der Eroberung dieser Stadt begann man die
Belagerung von Tournay, das kurze Zeit darauf
sich gleichfalls ergab.

In Folge dieses Ereignisses begab sich der
Erzherzog Karl, des Kaisers Enkel, nach Tournay,
welches sich damals im Besitz des Königs Heinrich befand, und nach Lille, wo derselbe seine
erste Zusammmenkunft mit diesem König hatte,
bei welcher unter andern über dessen Volljährig-
keitserklärung unterhandelt und dieselbe beschlos-
1515. sen wurde. Dies hatte im Jahre 1515 statt, worauf er sofort in den genannten Staaten als Lan-
desherr anerkannt wurde.

Kurz darauf schickte der Erzherzog Gesandte
an den König Franz von Frankreich, der um jene
Zeit, in Folge des Todes König Ludwigs, das
Königreich geerbt hatte. Diese Gesandten unterhandelten und schlossen den Frieden. In demselben Jahre bereiste Se. Majestät einen Theil
seiner flandrischen Staaten, während welcher Reise
Herr von Vendome, Abgesandter des Königs von
Frankreich, im Haag ankam, um den Frieden zu
ratificiren. Die Theile seiner Staaten, welche er
in diesem Jahre nicht besuchen konnte, besuchte
1516. er im folgenden Jahre, 1516, und hielt das erste
Ordenskapitel des goldenen Vlieses in Brüssel.

Es war das Todesjahr Sr. katholischen Majestät,
und sofort nahm der Erzherzog den Königstitel.
Um dieselbe Zeit gelangte er wieder, nicht ohne
einigen Widerstand von Seiten derselben, in den
Besitz seiner friesischen Lande. Hierauf äusserte
der König von Frankreich, aus Veranlassung seiner eben erfolgten Thronbesteigung, den Wunsch
für weitere Unterhandlungen mit Sr. Majestät,
welche zu Noyon zu derselben Zeit in diesem
Jahre statt hatten. Der König von Frankreich
sandte Herrn von Orval ab, die neuen Uebereiu-
kommen zu bestätigen. Se. Majestät blieb bis
zum 17. September 1517 in den Niederlanden, an 1517
welchem Tage er sich in Vliessingen nach Spanien
einschiffte und zum ersten mal seine Tante, Madame Margaretha [1], als Statthalterin seiner Staaten
dort während seiner Abwesenheit einsetzte.

In diesem Jahre, in welchem der mit Frankreich geschlossene Friede und die Freundschaft
des Königs von England Sr. Majestät erhalten
wurde, schiffte sich also, wie gesagt, dieselbe in
Vliessingen ein, setzte über den Ocean und sah
zum ersten mal Spanien, wo sich deren Aufenthalt bis in das Jahr 1570 verlängern sollte.

[1] Maximilians Tochter. W.

Die Reise bis Tordesillas fortsetzend, begab
sie sich dorthin, um der Königin, ihrer Mutter,
die Hand zu küssen, und von da nach Mojados,
wo sie den Infanten Don Ferdinand, ihren Bruder, antraf und den sie mit grosser brüderlicher
Liebe empfing.

Zu dieser Zeit starb der Kardinal Francisco
Ximénès, welchen Se. katholische Majestät zum
Statthalter in diesen Königreichen eingesetzt gehabt hatte. Die Reise weiter fortsetzend, kam
Se. Majestät nach Valladolid, wo sie die Cortes
der Reiche von Castilien versammelte und zugleich mit der Königin, ihrer Mutter, als König
anerkannt wurde.

Um diese Zeit liess der König von Frankreich
Sr. Majestät die Nachricht zugehen, er beabsich-
tige dem König von England den Krieg zu erklären, um so, gab er an, die Stadt Tournay
wieder zu erhalten, die, wie man sah, von letz-
tem genommen worden war. Hierauf antwortete
Se. Majestät in einer den mit den beiden Königen
geschlossenen Uebereinkommen entsprechender
Weise.

Diese, obschon masshaltende, gerechte und
vernunftgemässe Antwort wurde aber vom König
von Frankreich so ausgelegt, dass er Groll em-

pfand und bald darauf den Krieg begann. Andererseits bezeigte Englands Herrscher nicht den
Dank, welchen eine solche Antwort verdient hatte.
Denn bald verständigten und verbanden sich die
beiden Könige, mit geringer Berücksichtigung der
zwischen ihnen und Sr. katholischen Majestät getroffenen Uebereinkommen. In Folge ihres Ein-
verständnisses ward die Stadt Tournay den Franzosen zurückgegeben.

In dieser Zeit, d. h. im Jahre 1518, reisten 1518.
Se. Majestät und der Infant, ihr Bruder, von
Valladolid nach Saragossa; auf dieser Reise trennte
sie sich zu Aranda vom Infanten, der von da nach
Santander ging, um sich dort einzuschiffen und
zu Meer nach Flandern sich zu begeben, allwo
er von Madame, seiner Tante, in Empfang genommen wurde. Se. Majestät setzte ihre Reise
nach Saragossa fort, wo sie wieder die Cortes
versammelte und als König [1] anerkannt wurde.

Das Jahr 1519 hielt Se. Majestät die Cortes- 1519.
sitzung in Barcelona, wo alles auf die gleiche
Weise vor sich ging. Auf dem Wege dahin erhielt sie die Nachricht vom Tode des Kaisers
Maximilian, ihres Grossvaters, und während sie

[1] Von Aragonien. W.

den Sitzungen der dortigen Cortes beiwohnte,
kam die Botschaft ihrer Wahl zum Kaiser, welche
der Herzog, Pfalzgraf Friedrich, ihm zu überbrin-
gen den Auftrag hatte. Von da reiste sie sofort
ab, um in Coruña sich einzuschiffen zum Be-
1520. hufe, die Kaiserkrone in Aachen in Empfang zu
nehmen.

Se. Majestät stieg im Hafen der Stadt Co-
ruña zu Schiff, den Kardinal von Tortosa [1] als
Statthalter zurücklassend, welchem er später den
Connetable und Admirante von Castilien, Don
Inigo von Velasco und Don Federico Henriquez
beigesellte.

Auf dieser zweiten Fahrt über den Ocean landete sie zum ersten mal in England, hatte hier
ihre zweite Zusammenkunft mit dem König und
unterhandelte und schloss mit ihm, ungeachtet
der oben erwähnten Vorkommnisse, einen engern
Verband. Von da setzte sie in ihre Staaten von
Flandern über, wo sie von Madame, ihrer Tante,
und dem Infanten, ihrem Bruder, bewillkommnet
wurde. Dies war die erste Rückkehr Sr. Majestät
in ihre flandrischen Staaten: sie hatte eine dritte
Zusammenkunft zwischen dem Kaiser und dem

---

[1] Den nachherigen Pabst Hadrian VI.   W.

König Heinrich von England in Gravelingen und
in Calais zur Folge. Von da reiste er ab und
setzte seine Fahrt nach Aachen fort, wo er gekrönt wurde.

Hierauf kehrte Madame Margaretha, seine Tante,
zurück, um zum zweiten mal die Regierung in
den genannten Staaten von Flandern zu führen.
Er liess in denselben auch den Infanten, seinen
Bruder, und hielt seinen ersten Reichstag in Worms.
Es war das erste mal, dass er sich nach Deutschland und auf den Rhein begab. Zu dieser Zeit
fingen in Deutschland Luthers Ketzereien und in
Spanien die Communitades-Auflehnungen sich zu
verbreiten an.

Bei seiner Anwesenheit am Reichstage berief
Se. Majestät den Infanten, seinen Bruder, zu sich,
der dann von Worms abreiste, um sich mit der
Schwester des Königs Ludwig von Ungarn zu vermählen, gemäss den von Kaiser Maximilian getroffenen Anordnungen. Während desselben Reichstags begann Robert von der Mark [1] seine Kriegs-
auflehnung.

Ihr Ursprung ist in der oben erwähnten Ant-

---

[1] Es war Robert II. von der Mark, Fürst von Sedan
und Bouillon, berüchtigt in der Geschichte. Endlich als
Sanglier des Ardennes.   W.

wort zu suchen, welche der katholische König
Karl 1518 in Valladolid an König Franz gerichtet
hatte. Der letzte konnte nicht blos seinen durch
dieselbe erregten Unmuth und geringe Zufrieden-
heit nicht verbergen, sondern sein Aerger nahm
noch zu, besonders nachdem der erste zum Kaiser
erwählt worden war.

Er machte fortwährend so unvernünftige Ansprüche und Vorschläge, und zwar in so mass-
losem Tone, dass der Kaiser sie weder annehmen
noch zugeben konnte. Aus diesen Gründen und
wegen anderer Ränke und anderer geheimer Einverständnisse, welche der König von Frankreich
in Italien und mit den Communitades in Spanien
unterhielt, begannen 1521 die Kriege zwischen
Sr. Majestät und dem König von Frankreich, in
welchen Messire Robert von der Mark den grössten Theil seiner Besitzungen verlor, die ihm vom
Grafen Heinrich von Nassau, damals Oberfeldherr
der Armee, weggenommen wurden. Diese Kriege
dauerten bis ins Jahr 1525 fort. Der Kaiser war
aus dem genannten Grund genöthigt, den Reichstag zu Worms zu schliessen. Er that in dieser
Beziehung nur was ihm möglich war, und nicht
was er gewünscht und zu thun beschlossen hatte,
und reiste ab, um jenen Kriegsangriffen Wider-

stand zu leisten. Se. Majestät kehrte auf dem
Rhein in seine Staaten von Flandern das zweite
mal zurück. Während dieses Zeitabschnittes wur-
den die Communitades in Spanien besiegt und die
Franzosen geschlagen und aus dem Königreich
Navarra vertrieben, dessen sie sich, wie auch
Fuentarabias, bemächtigt gehabt hatten. Alle
diese Dinge wurden noch vor dem Ablauf des
Jahres zu Ende gebracht.

Zu derselben Zeit sandte Kaiser Franz eine
Armee in die Lombardei. Sie belagerte Pavia,
welches von dem dort anwesenden Markgrafen
Friedrich von Mantua vertheidigt wurde. Da nun
in Folge einer zwischen dem Kaiser, dem Papst
Leo (X) und den Venetianern geschlossenen Allianz
ein Heer zusammengebracht ward, so wurden die
Franzosen aus dem Herzogthum Mailand vertrieben. Prosper Colonna war oberster Befehlshaber
des Bundesheeres; das Herzogthum Mailand
ward dem Herzog Franz Sforza (zum Lehn) gegeben.

Während derselben Zeit ward auf Befehl des
Kaisers die Stadt Tournay durch den Grafen von
Nassau belagert und von den Franzosen, welche
sie seit deren Auslieferung durch den König von
England besetzt gehalten hatten, Sr. Majestät,

in deren Besitz sie früher gewesen, zurückgegeben.

1522. Im Jahre 1522 versuchte die Armee des Königs von Frankreich aufs neue in das Herzogthum
Mailand einzudringen, aber Prosper Colonna und
das Heer der Liga setzten ihr einen solchen Widerstand entgegen, dass sie die Schlacht von Bi-
coqua verlor. Auf dieselbe folgt die Einnahme
von Genua.

Se. Majestät überliess nun zum dritten mal
seiner Tante die Regierung seiner flandrischen
Staaten, schiffte sich in Calais ein und besuchte
zum zweiten male England, wo sie ihre vierte Zusammenkunft mit dem König hatte. Nach einem
Aufenthalt einiger Tage schiffte sie sich in South-
ampton ein, setzte zum dritten mal über den
Ocean und kam zum zweiten mal in Spanien an,
wo sie nun bis 1529 verblieb. Im Augenblick
ihrer Ankunft schiffte der nach dem Tode Leo's (X)
erwählte Papst Hadrian (VI) sich in Barcelona
nach Rom ein. Se. Majestät setzte ihre Reise bis
Valladolid fort, hielt dort die Cortessitzungen, zur
Beschwichtigung der vorhergegangenen Zerwürf-
nisse, wobei er nur einige der Schuldigsten von
der allgemeinen Begnadigung ausschloss, welche er
allen, die ihn beleidigt hatten, angedeihen liess.

Im Jahre 1523, während des Kriegs mit Frank- 1523.
reich, unterhielt der Kaiser gewisse Verbindungen
und Einverständnisse mit dem Herzog Karl von
Bourbon, der sich wegen einiger ihm zugefügten
Ungerechtigkeiten für verletzt hielt. Das war der
Grund, warum derselbe in die Dienste Sr. kaiserlichen Majestät trat. Der Kaiser, der sich mit
einem Kriegsheer nach Pampeluna begab, um in
Frankreich einzufallen, übertrug den Oberbefehl
über dasselbe dem Connetable von Castilien, Don
Inigo von Velasco, der in dies Königreich ein-
drang und auf seinem Rückmarsch Fuentarabia
wiedernahm.

Hierauf kam der Kaiser in sein Königreich 1524.
Toledo zurück. Er wurde daselbst krank, an
einem Fieber leidend, das ihn erst im Anfang des
folgenden Jahres 1525 verliess. In dieser Zeit 1525.
belagerte der König von Frankreich Pavia, in
welchem Anton von Leiva den Oberbefehl führte,
und in der Schlacht, welche vor dieser Stadt geschlagen wurde, ward der genannte König gefangen
genommen durch den Herzog von Bourbon, obersten Feldhauptmann des Kaisers, Karl von Lannoy,
seinen Vicekönig in Neapel und Don Franz d'Avalos, Markgrafen von Pescara, seinen ersten Feldherrn. Der König ward vom Vicekönig von Neapel

nach Spanien, nach Madrid gebracht, wo er in
Krankheit verfiel und der Kaiser ihm einen Besuch machte. Es war dies das erste mal, dass
sie sich sahen. Während seines Aufenthalts in
der genannten Stadt Madrid unterhandelte und.
schloss der Kaiser mit dem genannten König den
Frieden und dessen Vermählung mit der Königin-
Witwe von Portugal, Madame Eleonora, Schwester
des Kaisers. Um dieselbe Zeit kam auch der Herzog von Bourbon an, der aber alsbald nach Mailand zurückkehrte, indem er von Sr. Majestät mit
diesem Staate belehnt worden war.

1526.   Im Jahre 1526 reiste der Kaiser von Toledo
nach Sevilla, wo er sich verheirathete. Auf dem
Wege dahin erhielt er die Nachricht vom Tode
der Königin von Dänemark, seiner Schwester.
In derselben Stadt kam, ihn zu besuchen, sein
Schwager, der Infant Ludwig von Portugal, welcher die Kaiserin, seine Schwester, begleitete.
Dies war das erste mal, dass Se. Majestät den genannten Infanten sah. In derselben Zeit entliess
er auch den König von Frankreich aus der Ge-
fangenschaft, ihn gegen zwei seiner Söhne aus-
wechselnd, in Gemässheit der in den Verträgen
von Madrid festgesetzten Bedingungen. Bald darauf erneuerte jedoch letzter den Krieg und

Se. Majestät erhielt in Granada einen Fehdebrief, in Folge eines zwischen dem nach dem Tode des Pabstes Hadrian erwählten Papst Clemens, den Königen von Frankreich und England und Venedig abgeschlossenen Bündnisses. Se. Majestät nahm diese Herausforderung an.

An demselben Orte kam dem Kaiser die Nachricht zu, dass sein Schwager, der König Ludwig von Ungarn von den Türken geschlagen worden und umgekommen war. Se. Majestät berief deshalb nach Valladolid die gesammten Cortes aller seiner Königreiche Castiliens, um sich über die in diesen ernstlichen Zuständen zu nehmenden Mittel zu berathen und die gegen die Türken nöthige Landesvertheidigung zu reorganisiren.

Se. Majestät befand sich in derselben Stadt im Jahre 1527, als sein Sohn Philipp, Prinz von 1527. Spanien, geboren wurde. Zu derselben Zeit und an demselben Orte kam ihr die Nachricht zu, dass das vom Herzog von Bourbon aufgebrachte Kriegsheer in Rom eingerückt sei in Folge einer Erstürmung, in welcher der genannte Herzog getödtet worden war, und dass es den Papst Clemens in der Engelsburg eingeschlossen hatte. Es war darauf vor dieser Burg eine Wache gestellt worden vom Prinzen von Oranien, der nach dem Tode des

Herzogs von Bourbon Oberbefehlshaber der Armee geworden war. Der Papst verblieb in dieser Burg, bis nach einer Verständigung mit der Armee Se. Majestät ihn in Freiheit setzte.

Zu derselben Zeit erhielt in der Stadt Burgos Se. Majestät einen Fehdebrief der Könige von Frankreich und England unter dem Vorwand der Gefangenhaltung des Papstes Clemens. Se. Majestät gab unter andern hierauf die Antwort: es sei für diese Herausforderung kein Grund mehr vorhanden, weil der Papst in Freiheit sei und dessen Gefangennehmung halber weniger dem Kaiser ein Vorwurf zu machen sei, als denjenigen, welche ihn genöthigt hätten, zu seiner Vertheidigung so viele Kriegsleute aufzustellen, von welchen ihm kein gebührender Gehorsam geleistet worden sei.

Nachdem dies alles vorüber war, kam Se. Majestät nach Madrid zurück, wo er die Cortes der Königreiche von Castilien versammelt hielt und sein Sohn als Prinz der genannten Königreiche anerkannt wurde.

1528. Im Jahre 1528 empfand Se. Majestät, auf einer Reise nach Valladolid, die ersten Gichtanfälle. Sie erhielt die Nachricht, dass ein vom König von Frankreich, angeblich, um den Papst Clemens in Freiheit zu setzen (der aber, wie gesagt, schon

frei war), nach Italien geschicktes Kriegsheer vor-
gedrungen war, um in das Königreich Neapel einzudringen und es zu nehmen, dass dasselbe schon
einen grossen Theil desselben erobert, und dass
es die Hauptstadt, in welche sich die in Rom ge-
wesene Armee zurückgezogen hatte, belagerte.
Bei dieser Armee befanden sich der Prinz von
Oranien, Don Alphonso von Avalos, Marquis del
Vasto, Alorcone, welcher die Engelsburg besetzt
gehabt und Don. Hugo von Moncada, welcher in
der genannten Stadt Neapel war, weil er sich im
Augenblicke des Todes des Vicekönigs Karl von
Lannoy in derselben befand; weil nun jeder dieser
Herren den Oberbefehl beanspruchte, so konnten
sie unter einander nicht einig werden. Nichts
desto weniger erfüllten sie so gut die ihnen ob-
liegende Pflicht, dass mit der Hülfe Gottes das
genannte Königreich und die Hauptstadt vertheidigt und das französische Kriegsheer besiegt und
zersprengt wurde. Während dieser Belagerung
lief Don Hugo von Moncada mit einigen Galeren
aus, um die der Flotte des Prinzen Doria anzugreifen, aber Hugo von Moncada ward getödtet
und die meisten seiner Galeren wurden genommen.

Se. Majestät begab sich, in Gemässheit des von
ihm gefassten Entschlusses, nach Monçon, um die

Cortessitzungen der drei Königreiche von Aragonien abzuhalten. Dies zu Ende gebracht, kehrte
sie nach Madrid zurück, wo sich die Kaiserin befand, welche die Infantin Donna Maria, ihre erste
Tochter, zur Welt gebracht hatte. Bald darauf
kamen die Abgesandten des Fürsten Doria, der
aus verschiedenen Gründen und wegen der ihm
gewordenen schlechten Behandlung sich anbot, in
die Dienste Sr. Majestät zu treten, sammt seinen
Schiffen und den von ihm vor Neapel gekaperten.
Se. Majestät nahm sehr gern diese Anerbieten,
welche ihm sehr angenehm und unentbehrlich waren für das Gelingen dessen, was sie noch im
Sinne hatten zu thun und von dem, was noch
weiter nöthig sein möchte. Von da machte sich
der Kaiser alsbald auf den Weg nach Toledo; in
dieser Stadt beauftragte er die Kaiserin, während
seiner Abwesenheit die Regierung seiner Königreiche von Spanien zu führen, von welchen er sich
zu entfernen beschlossen hatte, beseelt vom Verlangen, in die Irrungen Deutschlands die best-
mögliche Ordnung zu bringen, welchen er, wie
gesagt, bis jetzt kein ausreichendes Heilmittel angedeihen lassen konnte, wegen der Kriege, die
man gegen ihn angefangen hatte. Er wollte auch,
um den beständig gegen ihn von Italien aus ge-

richteten Angriffen zu widerstehen, sich zugleich
mit den ihm dort zugefallenen Kronen schmücken,
die er noch nicht in Empfang genommen hatte,
und endlich sich mehr in den Stand setzen, um
dem Türken Halt zu gebieten, der, so sagte man,
gegen die Christenheit heranzog.

Durch diese verschiedenen Gründe bewogen, 1529.
verliess der Kaiser die Stadt Toledo, um sich
nach Barcelona zu begeben, wohin bald hernach
auch der Fürst Doria mit seinen Galeren kam.
Er vollendete dort die Bemannung und Ausrüstung
seiner Flotte, um sich einzuschiffen und, wie gesagt, in Italien sich krönen zu lassen, ohne Rücksicht auf das schon erwähnte, gegen Se. Majestät
geschlossene Bündniss, welches inzwischen in seiner Auflösung begriffen war. Denn während ihres
Aufenthaltes in Barcelona fanden zwischen dem
Papst Clemens und Sr. Majestät Unterhandlungen
statt. Es kam dahin die Nachricht, dass Herr
von Saint-Pol im Staate von Mailand geschlagen
worden und Gefangener Antons von Leiva, Statt-
halters in diesem Lande, war. Zu gleicher Zeit
unterhandelte Madame Margarethe, ihre Tante, in
Cambray den Frieden mit Madame, der Regentin
Frankreichs, Mutter des Königs. Dies beendigt,
schiffte sich Se. Majestät ein und segelte mit ihrer

ganzen Flotte ab. Sie setzte über das levantische,
(d. h. das mittelländische Meer), und landete zum
ersten mal in Italien.

Während sie den französischen Küsten entlang
dahin fuhr, hörte sie sagen, dass der Friede ab-
geschlossen sei, erhielt aber erst bei ihrer Ankunft
in Savona hierüber Gewissheit. In Folge dessen
sandte sie von Genua aus den Herrn von La Chaulx,
ihren Oberkellermeister, ab, um den Frieden zu
ratificiren. Sie reiste von hier nach dem Innern
von Italien, wo ihr berichtet wurde, dass der
Türke in Ungarn eingedrungen sei, Wien belagere
und einen Sturm auf diese Stadt unternommen
habe. Dies war die Ursache, dass der Papst
Clemens und Se. Majestät, beide zum ersten mal,
in Bologna sich sahen, wo letztere ihren zweiten
Gichtanfall empfand. In diesem Orte erhielt der
Kaiser die Nachricht, dass die Kaiserin ihren zweiten Sohn, Ferdinand, zur Welt gebracht habe,
dessen Tod ihm das Jahr darauf in Augsburg gemeldet wurde.

Um ungehinderter dem Türken Widerstand
leisten zu können und Italien Ruhe zu verschaffen, setzte er sich die ihm angehörenden
Kronen in der genannten Stadt Bologna auf. Er
schloss Frieden mit den Venetianern und belehnte

aufs Neue den Herzog Franz Sforza mit dem
Staate von Mailand. Nach einem langwierigen, vom
Papste und Sr. Majestät gegen die Florentiner ge-
führten Kriege, in welchem der Prinz von Oranien,
der schon Vicekönig von Neapel war, die Stelle
des obersten Feldherrn bekleidete, ward das Haus
Medicis in der Stadt Florenz wieder in seine
Rechte eingesetzt und der Herzog Alexander mit
diesem Staate belehnt. Auf diesem Kriegszug
ward der Prinz von Oranien getödtet. Im Oberbefehl des Heeres ward er durch Don Ferdinand
von Gonzaga ersetzt, und als Regent von Neapel
bis zu anderweitiger Verfügung Sr. Majestät durch
den Kardinal Caraciolo.

Mittlerweile wurde in Wien von Seiten des
Königs, ihrer Majestät Bruder, und derjenigen,
welche mit ihm waren, ein solcher Widerstand
geschaffen, dass der Türke sowohl dadurch bewogen als auch weil er Kunde bekam von den
Anstrengungen und Vorbereitungen, die man,
um ihn zu bekämpfen, machte, es für rathsam
hielt, sich zurückzuziehen. In derselben Zeit verlangte der Kaiser von Sr. Heiligkeit als eine sehr
wichtige Massregel, um den Vorgängen in Deutschland und den Irrungen, die sich in der Christenheit verbreiteten, wirksam entgegen zu treten (als

einziges und Hauptheilmittel) ein allgemeines Concilium zu berufen und zu versammeln. Zu diesem Behufe ernannte Se. Heiligkeit einen Legaten, um dem Reichstage zu Augsburg anzuwohnen und alle Entschliessungen, welche für die Erreichung des genannten Zweckes ihm geeignet schienen, zu fassen.

1530. Nach Beendigung dieser Angelegenheiten nahm der Kaiser Abschied vom Papste und reiste von Bologna ab, um sich zum Reichstag zu begeben, den er nach Augsburg berufen hatte. Dahin kam der Legat des Papstes, um über die, die genannten (religiösen) Wirren betreffenden Mittel zu verhandeln und zu gleicher Zeit Vorsorge zu treffen und Abhülfe des Unheils, durch welches man von Seiten des Türken bedroht war. Der Kaiser, durch Mantua und die venetianischen Lande reisend, kam in Trient an und in Deutschland zum zweiten mal. Auf dieser Reise traf er mit seinem Bruder zusammen und sie begaben sich mit einander auf den genannten Reichstag zu Augsburg, wo man gegen den Türken gute Hülfe versprach, was später in Regensburg ausgeführt wurde. Zu dieser Zeit leitete er Unterhandlungen mit dem Kurfürsten ein. In Anbetracht, dass der Kaiser der grossen Königreiche und der grossen Länder-

besitzungen halber, die Gott ihm gegeben hatte,
seinen Aufenthalt im Reiche nicht so lange, wie er
wünschte und es angemessen war, ausdehnen konnte,
so unterhandelte man über die Erwählung seines
Bruders zum römischen König. Nach Beendigung
des Reichstags reisten alle mit einander ab und
der Kaiser sah zum dritten mal den Rhein, auf
demselben bis Cöln hinabziehend. Hier war es
(aus dem Grunde, weil in Frankfurt die Pest
herrschte), wo auf den Vorschlag Sr. Majestät
die Wahl des Königs, ihres Bruders, als römischen
König ausgeführt wurde. Von der genannten
Stadt Cöln begab sich der Kaiser nach Aachen
zur Krönung des genannten Königs. Nachdem dies
geschehen, machten sich der König und die Kurfürsten daran, über ihre besondern Angelegenheiten zu verhandeln, und der Kaiser kehrte, zum
dritten mal, in seine Staaten von Flandern zurück,
um Ordnung zu bringen in die Angelegenheiten,
welche es theils wegen seiner langen Abwesenheit,
als auch in Folge des Todes von Madame Margarethe, seiner Tante, von welchem er, während er den
Rhein herabfuhr, die Nachricht erhalten, dort zu
erledigen gab. Um alles auf das Beste zu ordnen,
übertrug er die Besorgung und Leitung der Staats-
geschäfte (allda) der Königin von Ungarn, seiner

Frau Schwester. Nachdem dieses ins Reine gebracht war, bereiste er seine Staaten und besuchte
einen Theil seiner Ländereien. Mit Hülfe und in
Begleitung der genannten Königin traf er alle die
Anordnungen, welche ihm am geeignetsten und
nothwendigsten erschienen; unter andern hielt er
das dritte Ordenskapitel des goldenen Vlieses in
Tournay.

1532. Im Anfang dieses Jahres nahm der Kaiser, der
Königin von Ungarn, seiner Schwester, zum ersten
mal die Regierung seiner Staaten von Flandern
übertragend, seinen Weg zum vierten mal auf den
Rhein, um zum dritten mal nach Deutschland zu
gehen, sowohl um zu sehen, ob er auf irgend eine
Weise Mittel finden könnte, den Ketzereien,
welche sich dort verbreiteten, Einhalt zu thun, als
um sich dem Einfall des Türken zu widersetzen,
der, wie man benachrichtigt worden war, sich vor-
bereitete, mit grosser Heeresmacht zur Verheerung
Deutschlands heran zu ziehen. Zu diesem Zwecke
hatte er einen kaiserlichen Reichstag nach Regensburg berufen, um das, was, wie schon gesagt, in
Augsburg verabredet war, in Vollzug zu setzen.
Auf dieser Reise fiel er auf der Jagd vom Pferde
und verletzte sich am Beine; in Folge dessen entstand ein Rothlaufen an demselben, woran er

während der ganzen Zeit, die er in Regensburg
zubrachte, zu leiden hatte. Auch erlitt er zum
dritten mal einen Gichtanfall. Während dieses
Unwohlseins des Kaisers befasste man sich auf
diesem Reichstage mit den die Religionsangelegenheiten betreffenden Massregeln und erhielt die
sichere Botschaft von dem in obenangegebener
Absicht unternommenen Heranzuge des Türken.
Hierdurch bewogen, wandte sich Se. Majestät in
Verbindung mit dem römischen König, ihrem
Bruder, an die Reichsstände, welche sich voll
Eifer zeigten in der Erfüllung ihrer Verpflichtungen. Man setzte daher die Religionsangelegenheiten aus, wegen Zeitmangels, und liess sie in dem
Stande, worin sie sich befanden. Es wurde ein
so starkes Heer zusammengebracht durch das
Reich, sowie durch Ihre Majestäten den Kaiser
und den römischen König, dass der Türke, welcher Wien belagern wollte, wo ihm der Kaiser
und der römische König mit ihren Truppen zuvor-
gekommen waren, als er einen Theil der seinigen
(sie waren auf verschiedenen Punkten vorgedrun-
gen) in die Flucht gejagt sah durch den Pfalz-
grafen Friedrich, damals General der kaiserlichen
Armee, umzukehren beschloss und fechtend bei
Neustadt den Rückweg einschlug. In der That

kehrte der Türke, der die Drau und die Save
überschritten gehabt, nach Constantinopel zurück,
mit grossem Verluste und Beschädigung seiner
Leute. Von diesem Augenblick an begann man
vor seiner Macht sich weniger zu fürchten.

In demselben Sommer griff der Fürst Doria,
um eine Ableitung zu bewirken, auf Befehl des
Kaisers die an die Save grenzenden türkischen
Territorien an, er eroberte die Stadt Koron in
Morea, in welcher er eine starke Garnison liess,
nahm überdies viele andere feste Orte weg und
richtete grosse Verheerungen an.

Als der Kaiser sah, dass jetzt keine Unternehmung gegen den Türken mehr nöthig, auch
die Jahreszeit zu sehr vorgerückt war, um an die
Wiedereroberung Ungarns zu denken und die Pest
im Heer grassirte, so beschloss er seine Truppen
zu verabschieden, um unnöthige Ausgaben zu ver-
meiden. Dies wurde ohne irgend eine Unordnung
bewerkstelligt. Nur die Italiener, welche Se. Majestät zur Vertheidigung des Staates in Oesterreich
zu lassen beschlossen hatte, aufgestachelt durch
einige Uebelgesinnte, empörten sich ohne Grund
und kehrten heim.

Indessen machte sich der Kaiser, seine weitern
Pläne verfolgend, bald auf den Weg, um zum

zweiten mal nach Italien zu gehen und von da nach Spanien, was zu thun er ein grosses Verlangen hatte, weil schon vier Jahre verflossen waren, dass er von der Kaiserin, seiner Gemahlin, getrennt war. Auch wünschte er auf der Durchreise in Italien eine zweite Unterredung mit dem Papst Clemens, sowohl um über die Berufung des Conciliums zu unterhandeln, über die die Religionsangelegenheiten betreffenden Mittel, und über den dem Türken zu leistenden Widerstand, als auch um den Frieden und die Ruhe Italiens zu befestigen.

Se. Majestät, seine Reise durch Friaul fortsetzend, kam in Bologna an und sah ein zweites mal Se. Heiligkeit, jedoch ohne dass dies den ganzen Erfolg hatte, welchen Se. Majestät zu erreichen hoffte, und sie reiste ab, um sich in Genua einzuschiffen, was sie kurz darauf that.

Der Kaiser setzte zum zweiten mal über das 1533. levantische Meer und schiffte, zum dritten mal in Spanien landend, in Barcelona aus, wo die Kaiserin mit dem Prinzen von Spanien und der Infantin Donna Maria, seine Kinder, ihn erwarteten. Nach einem wenige Tage währenden Aufenthalt in dieser Stadt begab er sich nach Monçon, um die Cortessitzung seiner drei Königreiche von

Aragonien abzuhalten. Nach deren Beendigung machten Ihre Majestäten sich auf den Weg und 1534. kamen im Jahre 1534 in Toledo an. Es fand auch hier eine Cortesversammlung statt, nach welcher Ihre Majestäten nach Valladolid gingen, wo die Kaiserin vor dem Ziel von einem Sohne entbunden wurde. Von da begaben sie sich, wegen der dort herrschenden Pest, nach Palenzia, wo der Kaiser, wie er sich überzeugen konnte, den vierten Gichtanfall hatte.

In demselben Jahre reiste er von dieser Stadt ab, um nach Madrid zu gehen und den Winter im Königreich Toledo zuzubringen. In diesem Zeitabschnitte beschloss und bereitete man den Kriegszug nach Tunis vor, welches Barbarossa in demselben Jahre mit einer grossen türkischen 1535. Armee erobert hatte. Se. Majestät übertrug zum zweiten mal die Regierung aller seiner spanischen Königreiche der Kaiserin, die sich in Schwangerschaft befand, verliess nun Madrid und kam nach Barcelona, um die Reise nach Tunis zu beginnen. Zu diesem Behufe brachte er in der genannten Stadt Barcelona eine grosse Menge Kriegsschiffe zusammen, die einen gesandt vom König von Portugal, seinem Schwager, die andern von Malaga und andern Punkten und Küsten Spaniens herbeigekommen; ferner kamen da an die Galeren von Spanien und die des Fürsten Doria, Sr. Majestät Oberbefehlshabers zur See. Nachdem man alle diese Schiffe vereinigt hatte, sowie die Herren des hohen, mittlern und niedern Adels [1], die Hof- und Kriegsleute zur See und zu Land, schiffte der Kaiser zum dritten mal in Barcelona ein, um nach Tunis zu gehen und setzte zum dritten mal über das levantische Meer. Während der Kaiser mit diesen Angelegenheiten beschäftigt war, wollte der Infant Don Ludwig von Portugal, sein Schwager, der erfahren hatte, dass der Kriegszug, welchen Se. Majestät zu unternehmen im Begriff war, gegen die Ungläubigen gerichtet sei, an demselben Theil nehmen als christlicher und von grossem Helden- muth beseelter Fürst. Er kam mit Post in Be- gleitung der höchsten Personen des Königreichs Portugal in derselben Stadt Barcelona an, wo der Kaiser sich befand. Es war das zweite mal, dass sie sich sahen. Der Kaiser nahm ihn auf und behandelte ihn während der ganzen Dauer des Kriegszugs, wie ein Bruder seinen Bruder zu be- handeln hat, und auf die bestmöglichste Weise.

Nach Beendigung aller Vorbereitungen schifften

---

[1] Los senhores, gentilzhomés et fidalgos.

sie sich im Frühjahr ein und wurden, als sie die
Segel aufgezogen, durch das schlechte Wetter genöthigt, ihre Fahrt nach Majorca zu richten, wo
der Kaiser zum ersten mal mit seiner ganzen
Flotte anlangte und darauf nach Minorca, wohin
er auch zum ersten mal kam. Von da dirigirte
er sich nach dem Vorgebirge von Sardinien, das
er auch zum ersten mal betrat und traf da alle seine
Kriegsleute von Land und Meer, die sich auf Galeren oder andern Fahrzeugen dahin begeben hatten,
damit beide Flotten sich dort vereinigten. Dahin
kamen auch sechs Galeren des Papstes Paul (III),
der kurz vorher, nach dem Tode des Papstes Clemens, erwählt worden war. Nachdem diese Vereinigung zu Stande gebracht war, fuhren sie alle
von der Insel Sardinien ab, sich vor allem Gott
empfehlend, durch dessen Begünstigung und Gnade
sie vor Tag noch den Boden Afrikas erreichen
sollten. Beim Anbruch des Morgens entdeckte
der Kaiser mit seinen Galeren das Land und
erwartete die andern Schiffe am Hafen von
Farino. Hierauf, nachdem er die für die Aus-
schiffung geeigneten Orte hatte auskundschaften lassen, setzte er zum ersten mal zwischen
dem Vorgebirge von Carthago und der Veste Goletta den Fuss auf Afrikas Boden mit allen seinen

Kriegsleuten, deren Oberbefehlshaber der Marquis del Vasto war. Ein wenig aufgehalten durch einige Scharmützel belagerte er Goletta einige Tage mit grobem Geschütz; es ward mit Sturm genommen.

In dieser Zeit erhielt der Kaiser die Nachricht, dass die Kaiserin die Infantin Donna Juana, seine zweite Tochter, zur Welt gebracht hatte. Wenige Tage darauf rückte der Kaiser, Goletta und seine Flotte gehörig versehen zurücklassend, nach Tunis vor, mit Fussvolk, Reiterei und einigen Geschützen. Während des Marsches dahin zog Barbarossa mit einer grossen Masse Mauren zu Fuss und zu Ross und einer starken Artillerie von Tunis aus und stiess auf den Kaiser und sein Heer zwischen Brunnen und Teichen, wo der Kaiser Halt machen wollte, um seine Soldaten zu erfrischen. Der Kaiser bemächtigte sich dieses Ortes mit Waffengewalt und nöthigte die Feinde zum Rückzug mit dem Verluste ihrer Geschütze und eines Theils ihrer Mannschaft. Auf Seiten Sr. Majestät gab es auch einige Todte und an demselben Tage begann Barbarossa seinen Rückzug nach Tunis. Den andern Tag, im Beginn der Dämmerung, stellte der Kaiser seine Armee in Schlachtordnung und rückte gegen Tunis, und weder Barbarossa noch seine Leute vermochten ihn zu hindern, mit seinem

Heere in dasselbe einzudringen. Nachdem die
Stadt geplündert war und man die christlichen
Sklaven in Freiheit gesetzt hatte, übergab er sie
dem König Hassan, und nachdem er nach Goletta
zurückgekehrt war, das er befestigte, schiffte er
sich ein, um die Stadt von Afrika (Mahadia) zu
nehmen. Er wurde daran durch widrige Winde
verhindert. Von Calybia aus, das gleichfalls eine
Stadt an der Küste Afrikas ist, durchschiffte er
zum vierten mal das levantische Meer und landete
zum ersten mal in Sicilien, und nachdem er daselbst eine (Landes)-Versammlung [1] abgehalten,
und für das Wohl dieses Königreichs die geeigneten Anordnungen getroffen hatte und daselbst
Don Ferdinand von Gonzaga als Vicekönig zurückliess, passirte er den Pharus von Messina und
begab sich über Calabrien nach Neapel. Dies war
das dritte mal, dass er sich in Italien befand. Auf
dieser Reise wurde er zum fünften mal, und zwar
viermal nach einander, von der Gicht befallen.
In Neapel rief er eine Landesversammlung zusammen, in welcher die Angelegenheiten dieses
Königreichs berathen wurden, und erhielt da die
Nachricht vom Tode der Königin von England,

---

[1] Einen Landtag der sicilischen Reichsstände. W.

von dem des Prinzen von Piemont, der in Spanien war, und des Herzogs Franz Sforza von Mailand.

Während dieser Zeit fing der König Franz von Frankreich einen dritten Krieg an, um sich der Staaten des Herzogs von Savoyen zu bemächtigen; was Se. kaiserliche Majestät nöthigte, von Neapel sich wegzubegeben, um gegen diesen Angriff die nöthigen Anstalten zu treffen und Widerstand zu leisten.

Der Kaiser kam nach Rom, wo der Papst Paul 1536. sich befand (und· dies war das erste mal, dass er Se. Heiligkeit sah) sowohl um mit ihm wegen des Friedens zu verhandeln, wegen welchen man ihn angegangen hatte, als um ihn zu vermögen, falls der Friede nicht zu Stande käme, dem Herzog von Savoyen zu Hülfe zu kommen, welcher ausserdem, dass er Vasall des Reiches war, mit seiner (des Kaisers) Schwägerin und Geschwisterkind, der Infantin Donna Beatrix von Portugal, verheirathet war. In Rom fanden hierüber Besprechungen statt, es kamen viele Dinge vor, waren aber nur Worte ohne That. Sie hatten Schreibereien zur Folge, auf welche der Kaiser zu antworten sich nicht bemühen wollte als auf eitle gehaltlose Dinge. Er beschloss also, seinen Weg weiter zu verfolgen. Nachdem er alle möglichen Vorkehrungen

getroffen hatte und weil er das Verlangen hegte, die
geeignetsten Mittel zu finden, dem Herzog von Savoyen den grösseren Theil seiner Staaten deren
er mit gewaffneter Hand beraubt worden war,
wieder zu verschaffen, liess er eine Abtheilung
seines Heeres bei Turin stehen, und ein anderes Heer
durch die Niederlande vorrücken, dem er als An-
führer den Grafen von Nassau gab, um den Feind
zu beunruhigen und ihm Schaden zu verursachen.
Schliesslich zog er mit dem Reste seiner Truppen,
deren Oberbefehl er Anton von Leiva übertragen
hatte, weiter fort und drang bis Aix in der Provence vor. Dies war das erste mal, dass er nach
Frankreich kam und mit einem Kriegsheer.

Indessen, in Betracht, dass die Jahreszeit schon
vorgerückt war, und dass man einem Unternehmen des Feindes Fronte machen müsste, zog
er sich mit seinem ganzen Heere nach N. zurück.
Von da begab er sich nach Genua und verabschiedete und sandte nach Hause den ganzen Theil
seines Heeres, der überflüssig und unnütz war.
Er trug Sorge die Grenzen von Piemont, Mont-
ferrat zu decken und die des Staates von Mailand,
zu dessen Statthalter und obersten Befehlshaber
er den Marquis del Vasto machte. Darauf schiffte
er sich zum zweiten male in Genua ein, setzte

zum fünften mal über die levantische See und kehrte nach Barcelona zurück. Es war das fünfte mal, dass er nach Spanien kam.

Der Kaiser begab sich mit Post nach Torde- 1537. sillas, wo die Königin seine Mutter, und die Kaiserin, seine Gemahlin, waren, ging von da nach Valladolid, wo er die Cortes zusammenberief. Er wurde, zum sechsten male, stark von der Gicht angefallen. Er erhielt die Nachricht, dass der Herzog Alexander von Medicis verrätherischer Weise ermordet worden war und belehnte den Herzog Cosmus von Medicis mit dem Staat von Florenz. In der Zwischenzeit kam der Infant Don Ludwig von Portugal nach Valladolid, Se. Majestät und die Kaiserin zu besuchen. Es war zum dritten mal, dass er Ihre Majestäten sah. Wenige Tage nachher begab sich der Kaiser, die Kaiserin schwanger zurücklassend, nach Monçon, wo er die regelmässigen Cortes einberief. In dieser Zeit rückte der König von Frankreich mit in Eile aufgebrachten Truppen in Flandern ein und bemächtigte sich mit Schnelligkeit Hesdins und Saint-Pols, welches letzte aber sofort mit Sturm wieder genommen ward durch eine Armee, welche die Königin von Ungarn zusammengebracht hatte, und deren General der Graf von Büren war. Zu

gleicher Zeit nahm dieses Heer Montreuil und
schlug Annibal (d. h. Hennebault) in die Flucht,
der das damals belagerte Theruanne wieder mit
Kriegs- und Mundvorrath zu versehen versuchte.
Demungeachtet kam man dem Platz zu Hülfe,
dessen Belagerung ward aufgehoben, und Montreuil
verlassen. Als der König von Frankreich sah, dass
es dem von ihm in Piemont eroberten Land des
Herzogs von Savoyen an Proviant gebrach und
dass sie durch die Kaiserlichen eng eingeschlossen
waren und weil es übrigens kein Mittel gab, ihnen
zu Hülfe zu kommen, wenn er nicht den ihm be-
gegnenden Widerstand in Flandern beseitigte, so
schlug er einen allgemeinen Waffenstillstand vor,
welchen anzunehmen dem Kaiser Schwierigkeiten
machte, weil er die bedenkliche Lage der Landestheile kannte, welche der König von Frankreich
in Piemont innehatte. Aus diesen Unterhandlungen
ergab sich, dass der Kaiser von der traurigen Lage
der genannten Landestheile unterrichtet ward, und
wohl wissend, dass seine Kriegsmacht von der
Art war, dass man es für unmöglich hielt jenen
Gegenden zu Hülfe zu kommen, so schloss er,
auch noch durch andere Gründe bewogen, einen
allgemeinen Waffenstillstand mit dem besagten König, von welchem er nur Piemont ausnahm.

Nach dem Schluss der Cortessitzungen kehrte der Kaiser mit Post nach Valladolid zurück, um die Kaiserin zu sehen, welche soeben von ihrem vierten Sohne, dem Infanten Don Juan, entbunden worden war, der kurz nachher starb. Fast zu gleicher Zeit starb auch die Infantin Donna Beatrix von Portugal, Herzogin von Savoyen. Die Kaiserin war auch sehr leidend in Folge ihrer Entbindung und hatte seitdem bis zu ihrem Tode immer eine schwache Gesundheit. Während der Kaiser in Monçon war, fanden einige Friedensbesprechungen zwischen Sr. Majestät und dem König von Frankreich statt. Sie hatten eine Berathung ihrer Gesandten zur Folge, welche von Seiten des Kaisers der Gross-Commandeur von Leon und Herr von Granvella, und von Seiten des Königs der Kardinal von Lothringen und der Connetable von Frankreich waren, und als sich einige Hoffnung für eine Zusammenkunft Ihrer Majestäten zeigte, so reiste der Kaiser mit Post nach Barcelona, um zu sehen, was aus diesen Unterredungen sich ergeben könnte. Der Papst Paul indessen, welcher gewahrte, dass man zu keinem Abschluss kommen werde, wollte vermitteln und neue Unterhandlungen eröffnen, sich erbietend, selbst nach Nizza zu kommen, während sich der Kaiser nach

Villafranca begäbe und der König von Frankreich
nach Antibes; wozu der Kaiser sich anliess, weil
er stets dem Wohl des Friedens geneigt war.

In der Zwischenzeit unternahm der Kaiser einen
Besuch in Perpignan und an den Grenzen von
Roussillon und fand bei seiner Rückkehr den Infanten Don Ludwig von Portugal, seinen Schwager.
Dieser Prinz, in Folge seiner frommen Gesinnung
und seines Verlangens, sich im Dienste Gottes nütz-
lich zu machen und Stifter von Gutem zu sein, kam
mit Post nach der Stadt Barcelona, um zu sehen,
ob er nicht einige gute Dienste leisten könne zur
Herbeiführung des Friedens. Er wurde von Sr.
Majestät aufgenommen und behandelt, wie derselbe bisher immer zu thun pflegte. Allein da
Se. Majestät sah, dass man schon über die Reise
nach Nizza übereingekommen und dass Se. Heiligkeit in dieser Angelegenheit Vermittler sein wollte,
so hielt sie dafür, dass der Herr Infant nicht
weiter als Barcelona ginge. Er reiste daher zurück
und dies war das vierte mal, das er Se. Majestät gesehen.

1538. Nachdem dies ausgesprochen war, begab sich
der Kaiser vermittelst Post nach Barcelona;
und schiffte, seiner Absicht gemäss um zu sehen,
was sich aus diesen Conferenzen ergeben möchte,

sich allda zum dritten male ein und unternahm
seine sechste Ueberfahrt des levantischen Meeres.
Während er noch in Barcelona verweilte, hatte
man sich in einige Waffenstillstands-Unterhandlun-
gen zwischen Sr. Majestät und dem König von
Frankreich eingelassen, und es schien dem Kaiser,
dass kein grosser Anstand da sei, es zu thun,
weil er ja nach Nizza ginge um den Frieden zu
unterhandeln. Er gab also seine Genehmigung
dazu im Augenblick, als er sich einzuschiffen im
Begriffe war und übersandte sofort seine Gut-
heissung, obgleich man die des Königs noch nicht
erlangt hatte; weil er nicht so schnell (von der
Sache) unterrichtet werden konnte.

Zu derselben Zeit verbreitete sich das Gerücht,
dass die türkische Flotte den westlichen Ländern
zusegelte und man sagte, es geschehe zum Zwecke,
diese Reise nach Nizza zu verhindern. Als Se.
Majestät an den Pomegues-Inseln vor Marseille angekommen war, entdeckte man einige (s. g.) lateinische Segel, die von Osten her kamen. Da
aber Se. Majestät wusste, dass kurz vorher der
König von Frankreich mehrere seiner Galeren in
diese Gegend gesandt hatte, und glaubte, die
wahrgenommenen Segel gehörten zu ihnen, so
machte er ihnen die gewöhnlichen Signale, um mit

Sicherheit in Unterredung mit ihnen zu treten
und zu erfahren, welche Nachrichten sie von der
türkischen Flotte hätten. Allein die genannten
Galeren hörten die Signale nicht, oder wollten
sie nicht hören, und da sie vom Waffenstillstand
nichts wussten, und feindliche (Schiffe) waren, so
begannen sie auf die Galeren des Kaisers zu
feuern und suchten mit aller Ruderkraft die Küste
Frankreichs zu erreichen. Als Se. Majestät und
Ihre Galeren dies sahen, machte man Jagd auf
sie, und zwar so, dass man vier derselben auf
dem Meere gefangen nahm; wollte aber die, welche
das Land erreicht hatten, nicht verfolgen. Der
Kaiser machte den Führern der weggenommenen
Schiffe lebhafte Vorwürfe über das Versehen, welches sie begangen hatten, und liess den Statthalter
der Provence von diesem Misgriff und den dadurch entstandenen Wirren benachrichtigen und
setzte ihn überdies von dem in Barcelona geschlossenen Waffenstillstand in Kenntniss, von dem
derselbe nichts wusste. Diesem Waffenstillstand
gemäss liess er die vier gekaperten Galeren zurückgeben und bald darauf kam die Ratification des
Königs von Frankreich an.

Dies abgemacht, setzte der Kaiser seine Reise
fort bis Nizza, wo er seine zweite Zusammenkunft

mit Sr. Heiligkeit hatte und nachdem er ihm
die Füsse geküsst, verschiedene Unterhandlungen
begann, betreffend den Frieden mit dem König von
Frankreich, der auch in Saint-Larent angekommen
war. Man brachte es indessen nicht weiter als
zum Abschluss eines Waffenstillstandes, und verschiedene Beweggründe entschieden, denselben ein-
zugehen.

Während der Kaiser in Villafranca nächst Nizza
sich befand und vom Wunsche beseelt war, die
allerchristlichste Königin, seine Schwester, wieder
zu sehen, weil er sie seit lange nicht mehr gesehen hatte, so begab sich diese Fürstin, in der
Absicht die Gemüther des Kaisers, ihres Bruders, und des Königs, ihres Gemahls, milder zu
stimmen und zu versöhnen, nach Villafranca mit Madame der Dauphine, gegenwärtig Königin [1], Madame
Margaretha [2] und vielen andern Damen und hohen
Personen von Frankreich. Da sie die mit ihm zuge-
brachte Zeit sehr kurz fand, so kam sie ein anderes
mal zurück in weniger grosser Begleitung und
verweilte eine Nacht in dieser Stadt. Nachdem
die Königin abgereist und der Waffenstillstand ge-

[1] Mit Catharina von Medicis.
[2] Sie war Tochter Franz I., später Herzogin von Savoyen.

schlossen war, begleitete der Kaiser Se. Heiligkeit bis Genua, wo er zum siebenten mal von der
Gicht ergriffen wurde. Es war das fünfte mal, dass
er nach Italien kam. In dieser Zeit schlossen der
Papst, der Kaiser und ihre Herrlichkeiten von
Venedig eine Offensivallianz gegen die Türken,
worauf Se. Majestät sich in Genua einschiffte
um nach Spanien zurückzukehren.

Weil man übereingekommen war, es sollte
zwischen Sr. Majestät und dem König von Frankreich eine Zusammenkunft stattfinden, so zeigte
Se. Majestät an, sie werde ihren Rückweg längs
der Küsten von Frankreich nehmen, so dass sie
im Hafen von Aigues-Mortes Halt machte. Sogleich langte der König mit kleinen Booten an,
um dem Kaiser in seiner Galere Besuch zu machen,
und letzterer um sich für eine so grosse Artigkeit
dankbar zu zeigen und ein gleiches Vertrauen an
den Tag zu legen, stattete dem König auch einen
Besuch in der Stadt Aigues-Mortes ab. Er blieb
bis zum andern Tage da, und wurde ausgezeichnet
behandelt und bewirthet vom König, der, nicht zufrieden mit der dem Kaiser schon bezeigten Höf-
lichkeit, mit seinen zwei Söhnen (Monsieur) dem
Dauphin und (Monsieur) d'Orleans, anderen Prinzen
des Geblütes und anderen hohen Personen den

Kaiser bis in die Schaluppe seiner Galere begleiten
wollte; in welche sie alle zusammen einstiegen
und wo man sich von beiden Seiten mit Glück-
wünschen überhäufte und verschiedene Anerbietungen machte, wovon (so wie der genannten
Besuche und des Waffenstillstandes) eine lange
Fortsetzung der Freundschaft und ein grösseres
Vertrauen die Folge war. Dies war das zweite
mal, dass Se. kaiserliche Majestät den König
von Frankreich sah und das erste mal, dass er
seinen Fuss in dies Königreich als Freund setzte.
Der Kaiser setzte seine siebente Ueberfahrt des
levantischen Meeres fort, kam zum fünften mal
nach Spanien, und reiste, in Barcelona ans Land
gestiegen, nach Valladolid ab; wo er die Kaiserin
in besserem Wohlsein, als wie er sie verlassen
hatte, wieder fand, aber immer unwohl. Um das
abgeschlossene Bündniss in Ausführung zu bringen,
berief er zum zweiten mal die gemeinsamen Cortes
seiner castilischen Königreiche nach Toledo, wo
sich Ihre Majestäten befanden und man unterhandelte dort über die Hülfsgelder und den Beistand, welche zu leisten möglich und angemessen war.

Während desselben Jahres wurde Sicilien von
einer grossen Unfruchtbarkeit heimgesucht. Es

sollte dort die Flotte mit Mund- und Kriegsvorrath
versorgt werden, und obwohl der Kaiser seinerseits in Bereitschaft war, so schien es doch dem
Papste und den Venetianern, dass man nicht daran
denken konnte, dieses Jahr das vorgehabte Unternehmen auszuführen, und man unterliess, die
Hülfsgelder einzufordern, welche Se. Majestät
von den Cortes verlangt hatte. Es ereignete sich
indessen, dass Se. Heiligkeit und ihre Herrlich-
keit von Venedig, bedenkend, dass es nicht
schicklich wäre, das Jahr, ohne etwas zu thun
verstreichen zu lassen, ihre Flotten vereinigten
und sie aussandten, um den Türken aufzuhalten
und zu Meer wie zu Lande zu bekämpfen. Das
Ergebniss dieses Kriegszuges war die Wegnahme
von Castel Nuovo [1]. Die Leiden der Kaiserin
dauerten fort und ihre Krankheit machte täglich
Fortschritte, besonders seit sie sich als schwanger
erkannte. Der Kaiser blieb den grössten Theil
1539. des Jahres 1539 in Toledo. Der Gesundheitszu-
stand der Kaiserin verschlimmerte sich fortwährend,
so dass nachdem sie von ihrem fünften Sohne entbunden war, es Gott gefiel, sie zu sich zu rufen
und man darf überzeugt sein, dass dies ein Be-

---

[1] Castelnuovo in Dalmatien an der Mündung des Cattaro

schluss seiner grossen Barmherzigkeit war. Dieser
Tod verursachte Jedermann einen grossen Schmerz,
hauptsächlich aber dem Kaiser, der alles that und
anordnete, was in solchen Fällen zu thun Sitte
und angemessen ist. Seit der Begegnung in Aigues-
Mortes wurden die Unterhandlungen, um einen
erspriesslichen und dauerhaften Frieden zwischen
dem Kaiser und dem König von Frankreich zu
Stand zu bringen, weiter verfolgt und fortgesetzt.
Da es sich ereignete, dass gewisse Neuerungen
in den Staaten von Flandern auftauchten, von
welchen Se. kaiserliche Majestät seit 1531 ferne
war, so ward sie der Meinung, ihre Abwesenheit
möchte ein Hinderniss sein, diesen Uebelständen
abzuhelfen und noch grössere Uebelstände nach
sich ziehen. Der Kaiser sah sich ohne Gattin, er
war von einem grossen Verlangen beseelt, was nur
immer möglich war, einen guten Erfolg zu erzielen
und den Abschluss des Friedens, und, obwohl er
den Prinzen, seinen Sohn, für noch viel zu jung
hielt, um in seiner Abwesenheit die Regierung
zu führen und die Kaiserin in diesen (ihren) Amts-
geschäften zu ersetzen; so gab er ungeachtet der
andern Abhaltungsgründe, die man anführte und
vorbrachte, doch nur der guten und aufrichtigen
Willensmeinung, die er hegte, Gutes zu stiften

und das, was er für seine Unterthanen thun zu
müssen sich für verpflichtet hielt auszuführen, um
zu hindern, dass sie in grössere Unziemlichkeiten
und schandebringende Thaten verfielen, Gehör; er
wollte auch gewisse Angelegenheiten in Deutschland, die er unerledigt zurückgelassen hatte, zu
Ende bringen. Er hatte den Plan gefasst, sich in
Barcelona einzuschiffen und nach Italien überzu-
setzen; allein der König von Frankreich richtete
an ihn die dringendste Bitte, den Weg über sein
Königreich zu nehmen, indem er ihm volle Sicherheit und gute Aufnahme anbot, während er im
entgegengesetzten Falle über die Zeichen des
Mistrauens, welche Se. Majestät an den Tag gelegt hätte, wenn sie anders gehandelt, grosse Betrübniss und Verdruss empfunden haben würde.
Der Kaiser beschloss also von Spanien abzureisen,
indem er zum ersten male dem Prinzen, seinem
Sohne, wie jung er auch noch war, die Regierung
seiner Königreiche überliess.

Am Ende des Jahres führte der Kaiser diesen
Entschluss aus und reiste auf das Wort und das
Versprechen des Königs von Frankreich hin (mit
dem zu Villafranca nächst Nizza ein Waffenstillstand
vereinbart war), durch dessen Königreich, wo Se.
Majestät festlich beglückwünscht und gut behan-

delt wurde. Es war zum dritten mal, dass Ihre
Majestäten sich sahen und dass Se. kaiserliche
Majestät den Fuss auf Frankreichs Boden setzte
und das zweite mal, dass er als Freund dies
Königreich betrat.

Der Kaiser kam zum vierten nach Flandern. 1540.
Er brachte auf das schnellste die dort ausge-
brochenen Wirren in Ordnung. Er begann die
Errichtung der Veste von Gent, versammelte die
Stände und bereiste einen grossen Theil dieser
Lande. Auf dieser Rundreise hatte er im Haag,
in Holland, seinen achten Gichtanfall und, in Gemässheit der Absicht, welche er hegte und den
Wünschen, welche ihn stets beseelt hatten, einen
guten Frieden zu schliessen, bot er, sobald er
in den genannten Staaten angelangt war, so günstige Bedingungen, dass er sich darüber erstaunte,
sie nicht angenommen und den sehnlichst gewünschten Frieden nicht herbeigeführt zu sehen.

Einige Zeit vorher war Messire Karl von Egmont gestorben, nachdem er viele Jahre lang das
Herzogthum Geldern, welches ihm jedoch recht-
lich nicht gehörte, im Besitz gehabt hatte. Mehr
noch, so oft derselbe eine Gelegenheit wahrnahm,
seine Macht zu erweitern und zu verstärken, liess
er sie nicht entschlüpfen und hatte wiederholte

male versucht, sich Frieslands, Overysels und Grö-
ningens zu bemächtigen, wo er aber immer zurückgedrängt wurde durch die kaiserlichen Truppen,
und wovon Se. Majestät den ruhigen Besitz hatte.
Nicht zufrieden damit, bekriegte derselbe den Bischof von Utrecht, der ein Fürst des Reiches war,
und nahm ihm mit Waffengewalt die Stadt Utrecht.
Als dies dem Kaiser bekannt wurde, an den sich
der Bischof wandte, seine Hülfe ansprechend,
welche zu leisten der Kaiser, als Oberlehnsherr
des Bischofs, verpflichtet, und die um so nöthiger
war, als an der Aufrechthaltung der Ruhe in den
Niederlanden sehr gelegen war, so verständigte
er sich mit dem Bischof, kam ihm zu Hülfe und
zwar in solcher Weise, dass der genannte Messire
Karl von Egmont durch die kaiserlichen Truppen
aus Utrecht vertrieben wurde. Der Kaiser, welcher bald darauf sich dahin begab, liess dort eine
neue Festung aufführen und erhielt hierzu sowohl
vom Papste als vom Reiche die Genehmigung und
nöthigen Actenstücke.

Nach dem Tode Karls von Egmont bemächtigte
sich der Herzog Wilhelm von Cleve des Herzogthums Geldern, das Recht darauf beanspruchend.
Se. kaiserliche Majestät liess, nach dem was an
der Sache war, erkannt und gefunden, was sie

aus guten Gründen thun konnte und sollte, ihm
in verschiedenen Weisen solche Vorschläge machen,
die anzunehmen vernunftgemäss gewesen wäre.
Allein auf Betreibungen und Anstiftungen Frankreichs hin (die Franzosen waren, obwohl ohne
Grund, mit den Friedensanerbietungen unzufrieden,
welche nicht allen ihren Wünschen und Plänen ent-
sprachen) wollte sie der Herzog, welcher übrigens
jung war und den Eingebungen seiner Mutter
folgte, nicht annehmen. Der Kaiser, nachdem er
alles sich Vorgesetzte in den Staaten von Flandern ausgeführt und einen Reichstag nach Regensburg ausgeschrieben hatte, wo er noch besser seine
auf das Herzogthum Cleve ihm zustehenden Rechte
nachweisen wollte, beschloss zu diesem Reichstag abzureisen; denn schon als er noch in Spanien
war, hatte er diese Sache betreffende Unterhandlungen mit den Reichsständen begonnen. Der
römische König kam, um den Kaiser, seinen Bruder, zu sehen, nach Flandern, und die Reichsstände
versammelten sich in Worms, um sich mit dieser
Frage zu befassen. Der Kaiser, welcher sah, dass
in den Niederlanden noch nicht alles vollständig
in Ordnung war, bat den König, seinen Bruder,
während seiner Abwesenheit dort zu verweilen,
trug auch dem Herrn von Granvella und seinen

übrigen Ministern auf, die Angelegenheiten, während er sich auf der genannten Reichsversammlung befand, voranzubringen. Weil übrigens die Versammlung in Worms und die dort gepflogenen Verhandlungen nicht den von ihm gewünschten Beschluss herbeiführten, so wurde alles dem bevorstehenden Reichstag von Regensburg vorbehalten.

1541. Der Kaiser, zum zweiten mal die Regierung der Niederlande der Königin von Ungarn überlassend, begab sich, zum ersten mal durch das Luxemburgische reisend, zum Reichstag nach Regensburg. Es war das vierte mal, dass der Kaiser nach Deutschland ging. Er hatte den Reichstag hauptsächlich, um die Eintracht herzustellen und die Religionsangelegenheiten in Ordnung zu bringen, zusammen berufen. Nach zahlreichen Streitigkeiten gewahrte der Kaiser, dass die Fürsten des Reichs am Reichstag nicht erschienen [1] und dass man sehr fern von einem Abschluss war und noch ferner von den Vollzugsmassregeln, die zu nehmen gewesen wären; auch lief das Gerücht, der Türke wolle in Oesterreich einbrechen, und es war keine Massregel angeordnet worden, diesem Einfallen den nöthigen Widerstand zu leisten. Schon

---

[1] Wenigstens nicht zahlreich. W.

vorher hatte der Kaiser, ehe er diese Nachrichten erhielt, und durch verschiedene Beweggründe bestimmt, grosse Vorbereitungen getroffen, um zu Meere, nach seiner Rückkehr nach Spanien, den Kriegszug nach Algier zu unternehmen. Er verliess daher, von dem Einfall des Türken nicht vollständig unterrichtet, Regensburg und reiste nach Italien, um sich dort einzuschiffen und das genannte Unternehmen zu beginnen. Es war das sechste mal, dass Se. Majestät sich dahin begab. Unmittelbar nach ihrer Ankunft erhielt man die sichere Nachricht, dass der Türke grosse Rüstungen machte, um in Ungarn einzudringen. Aus diesem Grunde ging der Kaiser nach Lucca, wo er mit dem Papst Paul seine dritte Zusammenkunft hatte, um sich mit ihm über die gegen den Türken zu nehmenden Vertheidigungsmassregeln zu berathen.

Als er aber sah, dass diese Besprechungen und Unterhandlungen zu keinem Ergebniss führten, begab er sich nach Spezzia, einem Hafen des Meerbusens von Genua, um dort abzuwarten, bis seine Flotte vollständig bereit wäre. Obgleich nun die Ausrüstung und Instandsetzung dieser Flotte länger als es angemessen gedauert hatte und die Jahreszeit fast verloren war, so schiffte der Kaiser, weil man doch den gemachten Auf-

wand nicht anders verwerthen konnte, sowie aus
andern bewegenden Gründen und denkend, dass
das Wetter in der Hand Gottes stehe, in dem genannten Hafen von Spezzia nach Corsica ein, das
er zum ersten mal sah, und von da nach Algier,
Sardinien, Majorca und Minorca zum zweiten mal
berührend. Es war das achte mal, dass er das
levantische Meer durchschiffte und das zweite,
dass er in Afrika ans Land ging. Auf dieser Reise
hatte er theilweise eine der Jahreszeit nach er-
trägliche Witterung. Die spanische Flotte kam
auch an und nach einigen kleinen Gefechten, nachdem die Truppen schon in einem zur Belagerung
der Stadt sich eignenden Orte untergebracht und
in guter Ordnung mit allem zur Eröffnung des
Feuers der Geschütze Nöthigen versehen, aufgestellt waren, erhob sich plötzlich auf dem Meer ein
so grosser Sturm, dass viele Schiffe zu Grunde gingen und die schon am Lande befindliche Armee
viel zu leiden hatte.

Nichts desto weniger half man sich gegenseitig
und setzte sich in den bestmöglichsten Stand, um
eben so gut der Wuth des Meeres Widerstand zu
leisten, als den Ausfällen und Angriffen der Feinde
zu Land. Zuletzt war der Sturm von der Art,
dass der Kaiser der Meinung ward, es sei am

besten, seinen Kriegszug nicht fortzusetzen, sondern die See wieder zu gewinnen. Dies konnte aber sofort nicht ausgeführt werden, weil der Sturm sich nicht gelegt hatte. Er war also genöthigt, vierundzwanzig Meilen auf dem Lande zu durchziehen und zwei grosse Flüsse zu überschreiten, bevor er an das Vorgebirge von Metafuz kam, wo er sich wieder einschiffte.

Während der ganzen Zeit, in welcher das Heer zu Lande war (es verblieb zwölf Tage auf demselben, bevor es wieder zur See gehen konnte), litt es grossen Mangel an Lebensmitteln, weil, wie gesagt, die Witterung so schlecht war, dass man von den Schiffen nichts beziehen konnte. Nach Verlauf dieser zwölf Tage liess der Kaiser die Segel lüften mitten in einem grossen Orkan und war genöthigt, in Bugia Halt zu machen. Die Winde waren so widrig und er wurde so lange dort festgehalten, dass er nebst den Seinigen sehr durch den Mangel an Nahrungsmitteln litt; es würde noch schlimmer geworden sein, wäre das schöne Wetter nicht zurückgekehrt. Das Unwetter war so gross gewesen, dass Jeder sich dahin flüchtete, wohin er konnte, Viele wurden in eine entgegengesetzte Richtung getrieben, als die sie nehmen wollten. Indessen erholten sich die

Truppen und kräftigten sich so sehr wieder, dass
alle, ohne so viel Verluste zu erleiden, als man
erwarten durfte von solch einer Witterung, an
ihren Bestimmungsort zurückkamen. Der Kaiser verabschiedete die überflüssige oder am we-
nigsten nöthige Mannschaft und die Uebrigen kehrten in ihre Standquartiere zurück. Nachdem der
Kaiser in Bugia sich eingeschifft hatte, kam er
bei gutem Wetter zum dritten mal in Majorca an,
von wo aus der Fürst Doria mit seinen Galeren
über Barcelona nach Genua zurückkehrte.

1542.   Der Kaiser mit den spanischen Schiffen be-
rührte zum ersten mal Iviça; er schiffte zum neun-
ten mal auf dem levantischen Meere. Er kam
nach Carthagena und dies war das sechste mal,
dass er Spanien sah; darauf setzte er seine Reise
bis Ocaña fort, wo er seine Kinder, den Prinzen
von Spanien und die Infantinnen, traf.

Im Anfange des Jahres 1542 ging der Kaiser
nach Valladolid, um die Cortessitzungen des Königreichs Castilien zu halten. Er wurde zum neun-
ten mal von der Gicht befallen und bekam sie
im Kloster von Mejorada, wo er bis Ostern verweilte, zum ersten mal fast an allen seinen Glie-
dern. In dieser Zeit unterhandelte man die Ver-
mählungen des Prinzen, seines Sohnes, mit der

Infantin Donna Maria von Portugal und des Prinzen Juan von Portugal mit der Infantin Donna Juana, zweiter Tochter Ihrer Majestät.

Nach Beendigung der Cortessitzungen machte sich der Kaiser, obgleich unwohl, so schnell als er konnte, durch Navarra reisend, auf den Weg, um die Cortessitzungen der drei Königreiche Aragonien in Monçon abzuhalten, in der Absicht, so schnell wie möglich nach Deutschland zurückzukehren, um über die zur Regelung der Religionsangelegenheiten nöthigen Massregeln zu verhandeln und durch alle Mittel das ihm gehörende Herzogthum Geldern wieder zu erlangen. Indessen begann der König von Frankreich, da er den übeln Erfolg sah, den der Kaiser von seinem Unternehmen in Algier gehabt und der Meinung war, der Aufwand, welchen er zu machen genöthigt gewesen, habe ihn in Finanznöthen versetzt, mit einer unbedeutenden Beschwerde, und der Kaiser antwortete ihm mit dem Vorbringen aller Rechtfertigungsgründe, wozu er durch die Bedingungen des Waffenstillstandes von Nizza verpflichtet war. Der König von Frankreich liess ihm auch von allen Seiten die Versicherung zugehen, dass er durchaus nicht im Sinne habe, Krieg mit ihm zu führen; aber plötzlich griff er den Kaiser in den Niederlanden an, sowohl mit Hülfe Martins van Rossem, der den Krieg von Geldern her begann, als durch Angriffe des Herrn von Orleans auf Luxemburg und des Herrn von Vendome in den Staaten von Flandern und Artois. Noch mehr, er gab dem Dauphin Befehl, Perpignan zu belagern und kam in eigner Person nach Narbonne, um zu dem Unternehmen Muth zu machen. Allein demungeachtet gab der Kaiser, mit der Gnade Gottes, diesen Angelegenheiten eine so gute Wendung und brachte eine so herrliche Vertheidigung zu Stande, dass dieses mal der König nichts von Wichtigkeit ausführte. Zu dieser Zeit berief der Papst Paul, nicht damit zufrieden, die Bulle veröffentlicht zu haben, welche ein Beweis seines guten Willens war, aber sonst kaum einige Wirkung hervorbrachte, ein allgemeines Concilium nach Trient und sandte zu gleicher Zeit seine Legaten an Se. Majestät und an den König von Frankreich, nicht blos, um sie einzuladen und sie zum Frieden zu ermahnen, sondern auch, um sie durch Androhung von Kirchenstrafen, falls sie nicht gehorchen sollten, zu zwingen, einen Waffenstillstand zu schliessen. Dies geschah, wie gesagt, im Augenblick, als Se. Majestät angegriffen und die Franzosen auf allen Seiten zurückgedrängt und

zum Rückzug genöthigt wurden. Ihre kaiserliche
Majestät aber, gewahrend, in welcher Absicht Se.
Heiligkeit den Frieden unter Ihren Majestäten
herbeiführen wollte, und dass dadurch Se. kaiserliche Majestät beeinträchtigt und des Besitzes
dessen, was ihm in Folge eines plötzlichen und
unerwarteten Einfalls entrissen worden war, beraubt worden wäre, hielt es weder für gerecht,
noch für angemessen, solche Friedensvorschläge
anzunehmen, sondern fühlte sich bewogen und
verpflichtet, wieder zu erobern was ihm gehörte,
um seinen Unmuth über eine solche Beleidigung
an den Tag zu legen.

Der Kaiser verwarf also die genannten Vorschläge und wollte ihnen in keiner Weise Gehör
schenken. Er entliess ziemlich trocken den Legaten, der eine Sprache von geringem Gewicht geführt hatte, ohne die Sr. Majestät schuldige Ehr-
furcht zu beobachten. Er betheuerte gleichwohl,
dass er, wie er immer gewesen, bereit sei, wegen
des Friedens zu unterhandeln, vorausgesetzt, dass
die Gegenpartei sich vernunftgemäss benehmen und
der Friede sicher und dem Dienste Gottes und
dem Wohl der Christenheit entsprechend sein würde.
— Nach Schluss der Cortessitzungen von Aragonien reiste der Kaiser nach Barcelona ab. Er

hatte den Prinzen, seinen Sohn, von Saragossa nach
Monçou gesandt, um als Prinz dieses Königreiches
anerkannt zu werden; von da begab sich Se. Majestät
mit ihm nach Barcelona, wo er gleichfalls anerkannt
wurde. Nachdem der Kaiser über Valencia, wo die
gleichen Feierlichkeiten statt hatten, gegangen,
nahm er seine Richtung nach Alcala, um seine
Töchter zu sehen. Dort wurde *per verba de fu-
turo* seine Tochter, die Infantin Donna Juana, mit
dem Prinzen Don Juan von Portugal getraut [1], den
getroffenen Verabredungen gemäss. Hierauf kam
der Kaiser nach Madrid, von wo er auf das eiligste
abreiste, weil er sehr wünschte, seinem ersten
Vorhaben gemäss über das levantische Meer zu
setzen und nach Deutschland zurückzukehren. Er
hatte in der That einen Reichstag nach Nürnberg
ausgeschrieben, um über die gegen die Türken zu
nehmenden Vertheidigungsmassregeln und die Religionsangelegenheiten zu berathen. Der König,
sein Bruder, und Herr von Granvella begaben sich
im Namen Ihrer Majestät dahin mit mehreren andern seiner Minister, die er hingesandt hatte.

Als der Kaiser alles, was noch in seinen Königreichen von Spanien zu thun war, erledigt

---

[1] D. h. sie wurde ihm verlobt.

hatte, machte er sich auf den Weg, nachdem er zum
zweiten mal den Prinzen, seinen Sohn, während seiner Abwesenheit als Statthalter der genannten Königreiche zurückgelassen. Er verliess also Madrid und 1543.
kam in Barcelona an, von wo er sehr gern alsbald
weiter gereist wäre, allein verschiedene Hindernisse
machten es ihm unmöglich, vor dem 1. Mai sich
einzuschiffen, und in Folge von Stürmen und Unwetter, die unvermuthet eintraten, war es ihm
nicht möglich, vor dem 19. dieses Monats die hohe
See zu gewinnen, indem die Witterung noch un-
beständig und zweifelhaft war. Als er sich den
Pomegues-Inseln von Marseille nahte, liefen französische Galeren aus, um unter Mitwirkung der Ufer-
batterien zu scharmützeln; allein man erwiderte
ihnen so kräftig, dass sie genöthigt waren, sich
unter den Schutz der Kanonen auf dem Festlande
zu begeben. Der Kaiser, der sich nicht länger
aufhalten wollte, setzte seine Reise bis Genua fort.
Es war die zehnte Fahrt über das levantische
Meer und das siebente mal, dass er in Italien
landete. Als er im Angesicht Nizzas vorüberfuhr,
erfuhr er, dass die französischen Galeren die Burg
dieser Stadt wegnehmen wollten, und während
Ihre Majestät in Genua ans Land stieg, näherte
sich der Fürst von Doria mit seinen Galeren, um

auszukunden, was die französischen zu unternehmen suchten. Gewahrend, dass sie gekommen in der Absicht, das Vorhaben, welches man ihnen zuschrieb, auszuführen, griff er sie so hitzig an, dass er vier derselben kaperte.

Um dieselbe Zeit erfuhr Se. Majestät, dass Barbarossa mit einer grossen Flotte im Anzug sei, um die Ansprüche des Königs von Frankreich zu unterstützen. (Dieser Barbarossa kam später nach Toulon und verweilte dort die ganze Zeit, als der Krieg gegen den Kaiser währte und kehrte dann, ohne irgend etwas Wichtiges unternommen zu haben, nach Hause zurück.) Se. Majestät begab sich nach Busseto, wohin auch Se. Heiligkeit kam, sowohl um die Angelegenheiten Deutschlands zu besprechen, als um zu sehen, ob es nicht irgend ein Mittel gäbe, den Frieden herbei zu führen. Dies war die vierte Zusammenkunft des Kaisers mit dem Papst Paul und er bekam die Gicht zum zehnten mal. Wenige Tage nachher, nachdem er sich von der Erfolglosigkeit dieser Unterredung überzeugt hatte, setzte er seine Reise nach Deutschland fort, wohin er nun zum fünften mal kam.

Da es noch nicht lange her war, dass der Reichstag beisammen war, und der Kaiser in einer

so unruhigen Zeit keine Aussicht wahrnahm, die
Religionsangelegenheiten zu berathen und in Ordnung zu bringen, so setzte er seinen Weg bis
Speier fort, wo er alle Vorbereitungen traf, mit
einem tüchtigen Heer ins Feld zu rücken, an dessen
Spitze er Don Ferdinand von Gonzaga stellte.
Er wollte sich den Beleidigungen und Beschädi-
gungen widersetzen, deren sich der König von
Frankreich schuldig gemacht hatte, der in die
hennegauischen Lande bis Binche vorgerückt war
und Landrecies genommen hatte, das er befestigen liess.

Er fand sich ferner zum Widerstand genöthigt
durch den Krieg, welchen der Herzog Wilhelm
von Cleve gegen ihn führte, der auf Anstiften des
Königs von Frankreich und im Einverständniss
mit ihm die Waffen ergriffen hatte. Unterwegs
erhielt der Kaiser die Nachricht von der Niederlage und der Flucht der Truppen dieses Herzogs
bei Heinsberg. Demungeachtet wollte, in Speier
angekommen, Se. Majestät, um sich besser zu
rechtfertigen, den Kurfürsten, die an den Ufern
des Rheins zusammengekommen waren, anbieten, mit
dem genannten Herzog von Cleve ein das Herzogthum Geldern betreffendes friedliches Abkommen
zu unterhandeln. Dieser Vorschlag fand nur we-

nig Beifall und es blieb ihm nichts übrig, als sein
Heer zusammen zu bringen und mit ihm (es war
das sechste mal, dass er sich auf dem Rhein befand) nach Bonn vorzurücken, von wo aus er die
Richtung nach Düren nahm. Als er da das geeignete Terrain gefunden hatte, pflanzte er seine
Geschütze auf, beschoss den Platz und nahm ihn
mit Sturm. Hierauf kam der Prinz von Oranien
mit dem Heere an, das er von den Niederlanden
aus zuführte. Als beide Armeen vereinigt waren,
und Düren, wie eben gesagt, genommen, nebst
andern Länderstrichen, sowohl des Herzogthums
Geldern als der Herzogthümer Cleve und Jülich,
schlug Se. Majestät die Richtung nach Rüremund
ein, das sich sofort ergab und rückte dann in der
nach Venloo zu vor. Und als der Herzog Heinrich von Braunschweig als Freund des genannten
Herzogs von Cleve ankam, so klärte ihn der Kaiser über den Irrthum, in welchem er sich befand,
auf, und lud ihn ein, von seinem Vorhaben ab-
zustehen. In dieser Zeit starb die Mutter des
Herzogs von Cleve. Dieser überzeugte sich von
den übeln Rathschlägen, die man ihm gegeben
hatte, und die verständigsten Männer seines Landes drangen gleichfalls bittend in ihn, sich der
Gefahr, in welcher er schwebte, zu entziehen und

bessern Rathschlägen Gehör zu geben: er that es,
kam, um sich Sr. Majestät zu Füssen zu werfen, gestand seine Schuld und bat um Vergebung.
Er überantwortete Sr. Majestät ganz Gelderland.
Allein der Kaiser, in Erwägung ziehend, dass die
Verirrung des Herzogs mehr seinem jugendlichen
Alter zuzuschreiben war, als bösartiger Gesinnung,
liess ihm die Städte und Orte, die man in andern
ihm gehörenden Landestheilen genommen hatte,
zurückgeben. Nicht damit zufrieden und von der
Reumüthigkeit des Herzogs und der Fortdauer
seiner guten Gesinnungen sich überzeugend, beschäftigte er sich mit seiner Verheirathung; in der
That liess er ihn mit einer Tochter des römischen
Königs, seiner Nichte, verloben. Diese Verbindung
erhöhte die Verpflichtungen des genannten Herzogs gegen Se. Majestät und die Liebe Sr. Majestät für diesen Fürsten.

Vom Beginn des Frühjahres an stellte der König von Frankreich, um zuvorzukommen und dem
Kaiser stärkere Streitkräfte entgegen zu setzen,
zwei Heere ins Feld, bestimmt, den Krieg in die
Niederlande zu verlegen. Eine Abtheilung des einen
dieser Heere, bei der sich der König in Person
befand, besetzte Landrecies, die andere setzte sich
in der Umgegend fest, während man an den Be-

festigungen arbeitete. Die beiden Söhne des Königs waren während dieser Zeit nach Binche vorgerückt, wovon sie aber mit Verlust und ohne
etwas ausgerichtet zu haben, zurückgedrängt wurden. In der Folge vereinigte sich Herr von Orleans mit dem andern Heere, das in Luxemburg
war (diese Stadt, welche nicht im Vertheidigungs-
zustand gewesen, hatte sich ergeben und war
durch die Franzosen befestigt worden). Um dieselbe Zeit ereignete sich, was oben erzählt worden, bezüglich des Krieges, den der Herzog von
Cleve nach Brabant hin gespielt hatte. Der Kaiser, welcher den Cleveschen Krieg beendigt und
wie schon gesagt, Gelderns sich bemächtigt hatte,
begab sich, an der Gicht leidend, von Venlo nach
Diest, wo die Stände der Niederlande versammelt
waren. Sie bewilligten ihm bedeutende Hülfsgelder, auf den Fuss der im vorhergehenden
Jahre bewilligten, zur Sicherung der Landesvertheidigung. Es war das fünfte mal, dass Se. Majestät sich in den Niederlanden befand. Als der
König diese Nachrichten erfuhr, kehrte er mit
seinen Leuten in sein Königreich zurück, nachdem
er Landrecies befestigt hatte.

Hierauf liess der Kaiser das Heer, welches in
den Niederlanden war, vor den Mauern von Land-

recies, nebst der Kriegsmannschaft, welche der
König von England, der getroffenen Uebereinkunft
gemäss, gesandt hatte, zurück, befahl aber dem,
welches er mit sich führte und dem, welches von
England gekommen war, bis Guise vorzudringen.
Allein da die Jahreszeit schon vorgerückt und die
Witterung schlecht war, so rief er dieses alsbald
zurück, damit es sich mit dem vor Landrecies
vereinigte. Der Kaiser, obwohl von der Gicht
gequält, verliess dies, um der Belagerung anzuwohnen, und in Kenntniss gesetzt, dass der König
von Frankreich neue Truppen versammelte, um
den Belagerten zu Hülfe zu kommen, wollte sich
von seinen Heeren nicht entfernen. Er nahm also
seinen Aufenthalt in Avesnes, obgleich er, wie
gesagt, sich noch an der Gicht leidend befand,
und blieb da, bis die der Besatzung von Landrecies zu Hülfe gesandten Truppen sich zurückgezogen hatten.

Der König von Frankreich, wissend, dass seine
Truppen in Gefahr waren und der Lebensmittel
ermangelten, begab sich mit seinem Heer nach
Cateau-Cambrésis, von wo aus er einen starken
Heerhaufen Reiterei, das Terrain in Augenschein
zu nehmen, ausschickte, um zu versuchen, den
Belagerten von Landrecis Hülfe zu bringen.

Um sich diesem zu widersetzen, vereinigten sich
die Heere des Kaisers und leisteten einen solchen
Widerstand, dass diese Reiterei ihren Zweck nicht
erreichte und wenig Ursache hatte, sich zu rühmen.
Richtig ist es, dass während dieser Zeit einige
französische Reiter mit Säcken Pulver und einigen
Lebensmitteln, deren die Belagerten das dringendste Bedürfniss hatten, nach Landrecies hinein-
gelangten, an einer Stelle, wo ihnen kein Hinderniss im Wege stand, was die Belagerten ein wenig
mit Kriegs- und Mundvorrath versorgte. Da die
Jahreszeit vorgerückt war und das Wetter ungün-
stig wurde, und weil ausserdem der Hauptzweck
des Kaisers, als er seine Armee in Frankreich ein-
rücken und Landrecis belagern liess, der war, den
König dadurch zu nöthigen, eine Schlacht zu liefern,
so liess er sein Heer aufbrechen und näherte sich
wieder Frankreich. An demselben Tage reiste der
Kaiser, noch immer unwohl und auf einem Ruhe-
bette getragen, von Avesnes ab und brachte die
Nacht in Quesnoy zu. Von da ging er, seine
Armee einzuholen, die schon der des Königs von
Frankreich gegenüber gelagert war. Den andern
Morgen verliess Se. Majestät ihre Wohnung und
rückte mit allen ihren Leuten auf Schussweite
der feindlichen Kanonen bis in die Nähe des La-

gers des Königs vor und bot ihm die Schlacht
an. Es fanden einige Scharmützel statt, einige
Geschützentladungen von beiden Seiten, endlich
ein tüchtiger Angriff gegen die Franzosen, wo sie
unterlagen und für gut fanden, nicht mehr aus
ihren Verschanzungen heraus zu gehen. Als der
Kaiser sah, dass sie nichts anderes thun würden,
rückte er mit seinem Heere bis an das feindliche
Lager vor. Der Tag ging unter einigen Scharmützeln vorüber und beim Einbruch der Nacht
entfernte sich der König mit seiner Armee und
zog sich nach Guise zurück. Da dem Kaiser in
Folge der Unachtsamkeit der Seinigen dieser Ab-
zug bis zum andern Tage unbekannt geblieben
war, so war die Folge dieser List die, dass er
den König mit seiner Armee nicht einholen konnte.
Er rückte bis zu einem Gehölz oder Heidefeld
vor, einer Entfernung von drei Wegstunden,
wollte aber wegen der Unordnung seiner Büchsen-
schützen (die zum grössten Theil von mehr Gepäck, als sich für Kriegsleute ziemt, gefolgt oder
begleitet waren) mit seinem Heere dies Gehölz
nicht überschreiten. Nur einige leichte Reiter, mit
einer kleinen Zahl Schützen und vielen in Unordnung gerathenen Leuten gingen aus demselben
heraus. Der Herr Dauphin ward es gewahr und

machte, nachdem er alle seine französischen Land-
reiter zusammengenommen hatte, plötzlich Um-
kehr und griff die, welche ihn verfolgten, an.
Diese flüchteten sich in das Wäldchen und zogen
sich nach der Infanterie hin zurück. Es ist wahrscheinlich, dass der Kaiser, hätte er seine Büch-
senschützen gehabt, mit welchen er mit voller Sicherheit das Gehölz hätte überschreiten können,
theilweise das Ziel seiner Wünsche erreicht haben
würde; allein, da an diesem Tage nichts mehr zu
machen und es schon spät war, so entfernte er
sich aus diesem Wald und liess sich in der Lager-
stätte und an denselben Orten nieder, welche der
König von Frankreich verlassen hatte. Er kam
allda nach 1 Uhr in der Nacht an.

Der Kaiser verweilte einige Tage in Cateau-
Cambrésis, um zu sehen, ob er nichts mehr gegen
seine Feinde unternehmen könnte. Allein dieser
beschloss, sein Heer sofort aufzulösen, und schickte
es in seine Standquartiere zurück. Der Kaiser,
in Anbetracht, dass schon das Allerheiligenfest
vorüber war, entschied sich, das Gleiche zu thun;
demgemäss begab er sich nach Cambray und von
da nach Brüssel, wo er sehr unwohl ward, aber
nicht von Gichtleiden, und es während der übrigen
Zeit des Jahres blieb.

Am Schluss dieses Jahres wurde die Prinzessin
von Spanien, die Infantin Donna Maria von Portugal, den getroffenen Verabredungen gemäss nach
Castilien geführt und dem Prinzen von Spanien
in Salamanca, wo ihr Beilager vollzogen wurde,
übergeben, nachdem die Vermählung *per verba de
praesenti* vorgenommen war.

Der Kaiser, zum dritten mal die Königin von 1544.
Ungarn, seine Schwester, als Statthalterin der Niederlande zurücklassend, reiste von Brüssel ab und machte
zum sechsten mal die Rheinreise, die er bis Speier
fortsetzte. Es war auch das sechste mal, dass er nach
Deutschland kam, wo er einen Reichstag ausgeschrieben hatte, um den Reichsständen die Gründe auseinander zu setzen, welche ihn bewogen hatten, den
geldrischen Kriegszug zu unternehmen und gegen
den König von Frankreich ins Feld zu rücken;
Gründe, die oben in Kürze schon angegeben worden sind, aber in dem jetzt gemachten Vortrage
weiter entwickelt wurden. Im Hinblick, dass im
gegenwärtigen Augenblick es nicht den Anschein
hatte, dass der Türke gegen die Christenheit zu
Feld ziehen wolle, und da es gleichfalls unmöglich
war, sich mit der Religionsangelegenheit zu befassen, oder irgend eine Sache von Wichtigkeit zu
verhandeln, so begehrte er Hülfsgelder gegen den

König von Frankreich, welcher sich mehrerer
Städte und mehrerer Territorien des Reichs bemächtigt hatte und täglich Dinge ausführte oder
einleitete, welche zu seinem grossen Nachtheil
waren. Da dies gut überlegt und wohl begriffen
wurde, so bewilligten alle Sr. kaiserlichen Majestät
eine gute Hülfssteuer.

Während der Kaiser sich auf dem Wege nach
Speier befand, sandte der Papst Paul den Kardinal
Farnese zu ihm, unter dem Scheine und dem Vor-
geben, ihm Vorstellungen zu machen und zu versuchen, über den Frieden zu unterhandeln. Da
der Kaiser sah, dass es sich hier nur um Worte
handele, ohne irgend eine Aussicht auf guten Erfolg, so wollte er sich weder fangen lassen, noch
die Ausführung seiner Entwürfe und den Verfolg des
Unternehmens aufgeben, welches er zur Wieder-
erlangung dessen, was man ihm weggenommen,
begonnen hatte. Er entliess daher alsbald den
genannten Kardinal, ihm erklärend, dass er stets
bereit sei, einen aufrichtigen, sichern und dauerhaften Frieden zu unterhandeln. Unterstützt und
gekräftigt durch die Hülfsgelder, die er vom Reiche
erhalten hatte, begann er hierauf seine Armee
zusammen zu ziehen.

In der Zwischenzeit erhielt der Kaiser die

Nachricht, dass das Heer, welches er in Italien hatte, bei Carignan geschlagen worden war. Dies fand zu einer schlimmen Zeit und unter schlimmen Verhältnissen statt. Trotz dessen gab er, nachdem er vorher vernommen hatte, dass die Stadt Luxemburg, obwohl gut befestigt, Mangel an Mundvorrath litt, und der König von Frankreich bemüht war, Lebensmittel hineinzubringen, in grosser Eile Don Ferdinand von Gonzaga, welchem er den Oberbefehl seiner Armee übertragen hatte, die Ordre, jede Art von Hülfsleistung, welche dieser Stadt werden könnte, zu verhindern. Dieser General entledigte sich seines Auftrags mit wenig Mannschaft und so gut, dass die Stadt nicht zögerte, sich zu ergeben.

Sogleich verstärkte der Kaiser seine Armee dermassen, dass der genannte Oberfeldhauptmann sich in kurzer Zeit mehrerer Städte und fester Plätze auf der französischen Grenze gegen Lothringen zu, bemächtigte und die Belagerung von St.-Dizier unternahm. Seinerseits reiste der Kaiser von Speier ab, zog über Metz, um mit seinem Heere zu demselben zu stossen. Dies war das vierte mal, dass Se. Majestät nach Frankreich kam und das zweite mal als Feind. Das Feuer ward gegen St.-Dizier eröffnet, der Sturm fand

statt und die Stadt ward in wenigen Tagen erobert.
Bei dieser Belagerung wurde der Prinz von Oranien in den Laufgräben von einer Kanonenkugel
getroffen und starb kurze Zeit darauf.

In Folge der zwischen Sr. Majestät und dem
König von England stattgefundenen Ueberein-
kunft war dieser König in Person mit einer
grossen Armee angekommen, um das Königreich
Frankreich zu beunruhigen und anzugreifen, und
Se. Majestät hatte ihm gleichfalls, unter dem
Befehl des Herrn von Büren, die in genannter
Uebereinkunft zugesagten Streitkräfte gesandt.
Der genannte König hielt sich bei der Belagerung
von Boulogne und Montreuil auf, und während
des langen Zeitraums, den Se. Majestät vor St.-
Dizier verbrachte, hatte der König von Frankreich
Musse, seine ganze Armee zusammen zu bringen
und den grössten Theil der Grenzen seines Königreichs zu decken. Der Kaiser, dies alles in Erwägung nehmend und gewahr werdend, dass ihm
nicht soviel Kriegs- und Mundvorrath, als er gewünscht hatte, zu Gebot stand, und da die Jahreszeit sehr vorgerückt war, fand Schwierigkeiten für
jedes weitere Vorgehen. Um indessen den König
von England dem Feinde gegenüber nicht allein zu
lassen, wollte er sich mit seinem Heere nicht zu-

rückziehen. Schon vorher, noch während der Belagerung von St.-Dizier, fanden die Wegnahme von Vitry, die Niederlage der leichten französischen Reiterei, welche sich allda befand, und andere Einfälle (in Feindes Land) statt. Der Kaiser, die Stadt St.-Dizier in gutem Vertheidigungsstand zurücklassend, sowie andere noch bedeutendere Plätze, und beharrend in dem oben von uns angegebenen Vorhaben, alle Mittel aufzubieten, um den König von Frankreich zum Schlagen zu nöthigen, beschloss in das Innere dieses Königreichs soweit als er konnte vorzudringen, indem er stets diesen König und sein Heer aufsuchte. Demgemäss rückte der Kaiser über Vitry vor, um sich in einer Ebene bei Châlons festzusetzen. Dort fanden einige tapfere kleine Gefechte statt, in welchen die Franzosen nichts gewannen und sich der Pistolen oder kleinen Büchsen der deutschen Reiter nicht viel zu rühmen hatten. Weil aber Châlons eine gute Besatzung hatte und drei kleine Meilen davon, auf der andern Seite der Marne, ein französisches Heer stand, und in Anbetracht, dass der Kaiser und seine Armee keine andern Nahrungsmittel hatten, als die, welche sie auf dem Lande nicht nur in den Dörfern, sondern auch in den weniger befestigten Städten fanden, so schien es

Sr. Majestät, dass sie in dieser Gegend nicht länger
verweilen dürfe. Und ob man gleich den ganzen Tag
über auf dem Marsche gewesen, zog sie doch mit ihrer
ganzen Armee abends 10 Uhr ab und bewegte sich
so gut voran, dass man bei Anbruch des Tages sich
im Gesicht des Ortes befand, wo die Franzosen
Posto gefasst hatten, sich mit Sorgfalt verschanzend,
besonders nach der Seite zu, von woher der Kaiser kam. Die Marne floss zwischen beiden Heeren.
Se. Majestät hätte leicht über dieselbe setzen
können, in Betracht, dass eine hölzerne Brücke
da war, die, obgleich abgerissen, wieder hergestellt
werden konnte, um den Uebergang des Fussvolkes
zu ermöglichen. Es fand sich auch eine Furt,
durch welche Reiterei und Fussvolk durchkommen
konnte, allein, wenn dies geschehen, so wäre, und
zwar zum grössten Nachtheil für die Leute des
Kaisers, noch viel zu thun übrig geblieben. Denn
nachdem man die Brücke und die Furt überschritten (was nur Mann für Mann hätte bewerkstelligt werden können), wäre es nöthig gewesen,
sich in Ordnung aufzustellen, weil man eine sehr
schöne, aber dem Feuer des Feindes sehr aus-
gesetzte Ebene vor sich hatte. Man hätte dann
vorwärts gehen und immer unter dem Feuer des
Feindes bei diesem anlangen müssen, und würde

man dies erreicht haben, so wäre noch ein Arm
der Marne, der zwar, obwohl schmäler, doch tie-
fer war und einige schwer zu überschreitende
Uebergänge zeigte, da gewesen, über den man,
ohne in Unordnung zu gerathen, nicht hätte setzen
können. Hierauf wäre eine Anhöhe oder ein Hügel
zu ersteigen und dessen Spitze zu erreichen gewesen,
um auf die Feinde zu stossen, unter welchen eine
gute Zahl Schweizer war. Der Kaiser überzeugte
sich, dass alle diese Schwierigkeiten es unmöglich
machten, die Armee in guter Ordnung zum Schlagen zu führen; er beharrte daher auf dem Entschluss, den er gefasst hatte, an diesem Tage
einen grossen Marsch zu machen, um einen Vorsprung über die französische Armee zu gewinnen.
In der That war es die Absicht des Kaisers, vorwärts zu gehen, sodass er die Oertlichkeiten,
welche er zu durchziehen hatte, unvertheidigt
fände, und er hoffte, dass er die Franzosen zwingen würde, weit genug vorzurücken, damit ihre
Bewegung ihm die gewünschte Gelegenheit böte.
An demselben Morgen setzte der Graf Wilhelm
von Fürstenberg, ohne zu bedenken was er that,
über die obenerwähnte Furt und fiel in die Hände
der Franzosen. Andererseits stiess der Fürst von
La Roche-sur-Yon, der mit seiner Heerabtheilung

heran kam, um sich in das französische Lager zu
begeben, auf einige kaiserliche leichte Reiter, die
ihn verfolgten und solchermassen angriffen, dass
er, sein Stellvertreter und viele Andere gefangen
genommen wurden und der grösste Theil seiner
Mannschaft zerstreut.

An demselben Tage fuhr der Kaiser fort bis
Ay vorzudringen, wo er sich aufgehalten fand
durch die zahlreichen Bäche und die schlechten
Uebergänge, auf die er an diesem Tage traf. Ueberdies war seine Nachhut erst abends 10 Uhr angelangt.
Es waren also vierundzwanzig Stunden, seitdem
die ganze Armee sich auf dem Marsche befand,
und den Tag vorher hatte sie die gleiche Strecke
zurückgelegt. Wenn ein Urtheil über die Dinge,
die da kommen konnten, erlaubt ist, so darf man
wohl glauben, dass, hätte der Kaiser diesen Tag
Epernay erreicht, das nur eine kleine französische
Wegstunde entfernt lag (doch dies war eine un-
mögliche Sache), in der Weise, dass man den Tag
darauf die Armee über die steinerne Brücke dieser Stadt und die über denselben Fluss geschlagene
Schiffbrücke hätte bringen können, den oben erwähnten Hügeln entlang vorwärts ziehend, er das
französische Lager durch die noch nicht befestigten Abhänge hätte angreifen können, und Gott

hätte dem den Sieg verschafft, welchem ihm zu
geben ihm beliebt hätte. Indessen kam der Kaiser, der obengenannten Hindernisse wegen, erst
den andern Abend nach Epernay und schlug das, was
weiter oben gesagt ist, im Kriegsrath vor. Allein
man konnte diesen Plan nicht ausführen, weil, in
Folge des durch die Verzögerung verlorenen Tages,
die Franzosen Zeit gehabt hatten, sich auf den
Abhängen zu verschanzen, wie sie schon auf den
übrigen Seiten es waren, wovon der Kaiser sofort benachrichtigt wurde. Demgemäss brach
der Kaiser von Epernay auf und ging mit grosser
Eile und Vorsicht immer weiter voran. Allein
der Weg bot ihm viele Schwierigkeiten wegen der
zahlreichen Bäche, auf welche man bei jedem
Schritte stiess. An vielen Orten war derselbe sehr
schlecht, man musste oft lange Umwege machen,
sodass, während man dachte, täglich zwei oder
drei französische Wegstunden zu machen, man nur,
nachdem man grosse Umwege durchwandert hatte,
dahin gelangte, eine Stunde zurückzulegen. Dies
bestimmte den Kaiser, eine ansehnliche Zahl Soldaten, welche man ihres Fuhrwerks, das ein grosses
Hinderniss des Vorwärtskommens ausmachte, ent-
ledigt hatte, voraus zu schicken, damit sie (was
wirklich geschah), sich der Stadt Château-Thierry

bemächtigten. Der Kaiser folgte ihnen so eilig
wie möglich, stets in der Absicht, vorwärts zu
dringen und sein Ziel zu verfolgen.

Man muss nun aber wissen, dass während
dieses Kriegszugs, den der Kaiser in Frankreich
machte, die Minister des Königs es nicht unterliessen, jeden Tag zu unterhandeln und Friedensvorschläge zu machen, und dass der Kaiser, dem
der Friede wie immer ein theures Gut war, dieselben nicht zurückgewiesen hatte. Hatten schon
im Anfange die Minister des Königs vom Frieden
gesprochen, so thaten sie dies jetzt noch vielmehr
und in viel dringenderer Weise, als sie sahen, dass
der Kaiser mit seiner ganzen Armee über Châlons
hinaus vorgerückt war. Sie setzten daher diese
Unterhandlungen fort und zeigten einen so grossen
Eifer, dass man beinahe schon über die Friedens-
artikel und Friedensbedingungen einig geworden
war.

Weil jedoch der König von England, welcher,
wie gesagt, vor Boulogne lag und Seine so weit
in das Innere von Frankreich vorgedrungene Majestät von dessen Unternehmungen keine Nachrichten
hatte und ihr auch kein Mittel zu Gebot stand,
ihn ihrerseits zu benachrichtigen, so konnte sie
demnach, dem mit dem genannten König getroffe-

nen Uebereinkommen gemäss, den Frieden mit dem
König von Frankreich nicht unterzeichnen, bevor
nicht der König von England davon in Kentniss
gesetzt war und zugestimmt hatte. Zu diesem Behufe
liessen die Minister des Königs von Frankreich zu,
dass der Bischof von Arras, Minister des Kaisers,
sich im Namen Sr. Majestät auf den Weg machte,
um den König von England von dem was in
Wirklichkeit vorging, in Kenntniss zu setzen. Der
Kaiser liess ihn wissen, dass, wenn er mit seinen
Streitkräften von seiner Seite her in Frankreich
weiter vordringen wollte, er seinerseits bereit sei,
seinen Marsch und sein Unternehmen zu beschleunigen, bis die beiden Armeen ihre Vereinigung vor Paris oder einem anderen am geeignetsten gehaltenen Orte würden zu Stande gebracht haben. Falls er diesen Vorschlag nicht
annähme, bat er ihn zuzustimmen, dass Se. Majestät
über den Frieden unterhandelte, ihn darin mit be-
greifend gemäss dem, worüber man vorher übereingekommen war.

Indessen schloss in derselben Zeit der König
von England, die Belagerung von Boulogne fortsetzend, den Platz so enge ein, dass er genöthigt
war sich zu ergeben, worüber er mit Recht sehr
erfreut war. Als er nun die Jahreszeit sehr vor-

gerückt sah und den grossen Aufwand in Erwägung zog, welchen dieser Krieg ihm veranlasst
hatte, so ward er der Ansicht, dass er weder die
Mittel noch die Hülfsquellen hatte, weiter in
Frankreich vorzudringen, und stimmte also zu,
dass der Kaiser Frieden schlösse.

Während nun der Kaiser, wie gesagt, vom
König von England eine baldigste Antwort erwartete, sah er ein, dass er in der Oertlichkeit, in
der er sich befand, nicht länger verweilen konnte,
wegen des grossen Mangels an allem Nöthigen,
woran sein Heer litt und gewahrte, dass es schwer
für ihn sei das Vorrücken fortzusetzen. In der
That hätte er, aus den weiter oben angeführten
Gründen, mit grösserer Schnelligkeit seinen Marsch
nicht machen können, und die feindliche Armee,
welche wegen des Flusses, der sie vom Kaiser
trennte, in ihren Bewegungen frei geblieben war,
hätte Zeit gehabt, einen Vorsprung zu gewinnen
und ihre Streitkräfte in gute Ordnung zu bringen.
Die Folge hiervon war, dass der Kaiser aus Mangel
an Lebensmitteln, welche sich zu verschaffen ihm
unmöglich war, so tief im Innern von Frankreich
(von Château-Thierry bis Paris sind es kaum
zwanzig kleine Stunden) sich nicht die nöthige Zeit

hindurch aufhalten konnte, um die Plätze anzugreifen, die sich hätten vertheidigen wollen, ein
Umstand von grosser Wichtigkeit. Der Kaiser
wog alle diese Gründe ab, und zwar um so mehr,
als man schon mit mehreren Soldzahlungen im
Rückstand war, während man in den Niederlanden
das nöthige Geld hatte, um sie zu bewerkstelligen,
es aber kein Mittel gab, das Geld herbeizuschaffen;
und so war sein Entschluss ihm gleichsam durch die
Noth geboten, sowohl um schneller die Antwort des
Königs von England zu erhalten, als auch um sich
den Niederlanden zu nähern, von wo aus er leichter
mit Geld und anderen unentbehrlichen Dingen
versehen werden konnte und auch um das, was
je nach der vom König von England ihm werden-
den Antwort zu thun war, besser ins Reine zu
bringen. Er zog also von Château-Thierry ab
und schlug den ihm nahe liegenden Weg nach
Soissons ein. Von da aus konnte er eben so gut,
ja besser als er es in Château-Thierry hätte thun
können, die Vorschläge ausführen, welche er dem
König von England gemacht hatte.

Inzwischen kam die Antwort des Königs von
England an. Er gab, wie gesagt, seine Zustimmung, dass Se. Majestät Frieden schlösse. Nach

dessen Abschluss [1] kam Herr von Orleans, den Kaiser zu besuchen; dasselbe that bald darauf Herr von Vendome und der Kaiser setzte seinen Weg bis Cateau-Cambrésis mit seiner ganzen Armee fort, die dort ausbezahlt und verabschiedet wurde; von da begab er sich nach Cambray, wo er die Königin von Ungarn, seine Schwester, traf und die Leute, welche ihm als Geiseln überantwortet werden sollten. Mit dieser ganzen Gesellschaft kehrte er nach Brüssel zurück. Es war das sechste mal, dass er seine Staaten von Flandern wieder sah. Einige Zeit darauf empfing er die Allerchristliche Königin und den Herrn von Orleans in Begleitung von vielen hohen Herren und Damen, welche alle, nachdem sie mehrere Tage lang festlich bewirthet worden, zurückkehrten. Der Kaiser beschäftigte sich mit den Angelegenheiten seiner flandrischen Lande, in der Absicht dieselben zu besuchen. Er reiste daher von Brüssel, wo er von der Gicht bedroht war, ab, um nach Gent zu gehen. In dieser Stadt erfasste ihn die Gicht in dem Grade, dass er vom December bis Ostern stets ausserordentlich von derselben gequält war, wie streng auch die Lebensordnung und die Diät waren, welcher

---

[1] Es war der den 18. September zu Crespy abgeschlossene Friede.   W.

er zum ersten mal sich unterzog. Es war sein elfter Gichtanfall.

Um diese Zeit hätte der Kaiser nach Deutschland gehen sollen, um zu versuchen, die Ordnung dort wieder herzustellen. Denn man muss wissen, dass seit dem Jahre 1529, wo er wie gesagt, zum ersten mal nach Italien ging, und eine Zusammenkunft mit dem Papst Clemens hatte, er nie unterliess, so oft er diesen Papst oder den Papst Paul sah, auf allen seinen Reisen, auf allen Reichstagen Deutschlands, in allen andern Zeiten und unter verschiedenen Verhältnissen, beständig, entweder in Person oder durch seine Minister ein allgemeines Concil als das einzige Heilmittel für die Uebelstände Deutschlands und die Verirrungen, welche sich in der Christenheit verbreiteten, zu begehren. Was den Papst Clemens betrifft, so war, wegen verschiedener von seiner Persönlichkeit abhängigen Schwierigkeiten, und trotz des Sr. Majestät gemachten Versprechens, das genannte Concilium binnen Jahresfrist zusammen zu berufen, es niemals möglich von ihm zu erlangen, dass er es ausführte.

Sein Nachfolger, der Papst Paul, hatte im Anfang seines Pontificats erklärt, dass er versprochen habe das Concilium auszuschreiben und sofort zu-

sammen zu berufen, und ein lebhaftes Verlangen
bezeigt, gegen die Uebelstände der Christenheit
und die Misbräuche der Kirche Abhülfe zu treffen;
aber nichts desto weniger erkalteten seit dieser
Zeit diese Kundgebungen und der erste Eifer
mehr und mehr; und den Fusstapfen und dem
Beispiele des Papstes Clemens folgend, zögerte
er mit schönen Worten und verschob die Einberufung und den Zusammentritt des Conciliums,
bis er, wie weiter oben gesagt, zu Monçon eine
Ausschreibungsbulle des genannten Conciliums
nach Trient sandte, als der König von Frankreich den Krieg im Jahre 1542 begann. Die
Jahreszeit und die Zeitverhältnisse erklären sehr
wohl, was seine Absicht war; Gott kennt sie
und man kann sie deutlich aus dem ersehen,
was damals vorging und aus der Antwort Sr. Majestät. Indessen wurden in Folge der Umgestaltungen der Angelegenheiten, Umgestaltungen, welche
sehr abweichend waren von dem, was Leute von
Scharfsinn angenommen hatten, die Dinge erledigt
und so geordnet, dass die genannte Einberufung
statt hatte: das Concilium wurde eröffnet und
lange in Trient fortgesetzt, bis es dem genannten
Papste Paul aus ihn dazu bewegenden Gründen
(Gott gebe, dass sie heilsam waren) beliebte, es

wegzuberufen und nach Bologna zu verlegen. Se.
Heiligkeit war also dem Kaiser gegenüber in der
Stimmung, wovon weiter oben die Rede war, und
richtete, aus Veranlassung der Seitens Sr. Majestät in Speier gemachten Vorschläge, an diesen
ein Breve, was wenig den Gesinnungen entsprach,
welche Se. Majestät ihr ganzes Leben lang an
den Tag gelegt hatte. Der Kaiser wollte darauf
nicht antworten, weil dies nicht wohl geschehen
konnte, ohne die Ehre und das Ansehen der
beiden Häupter der Christenheit auf das Spiel zu
setzen, und es betrübte ihn sehr, dass die Protestanten diese Gelegenheit benutzten, um dem
Papst im Namen Sr. Majestät zu antworten. Der
Kaiser betrieb wieder was auf dem Reichstag zu
Speier beschlossen war, bezüglich der Abhal-
tung einer andern Reichsversammlung in Worms;
da aber diese schon einberufen war, so konnte
der Kaiser in Folge seines Unwohlseins sich an
dem festgesetzten Tage nicht dahin begeben. Er
bat also den König, seinen Bruder, sich dort
einzufinden und sandte auch den Herrn von
Granvella dahin, damit sie demselben beiwohnten und sich beeilten, die (zu behandelnden) Angelegenheiten in Angriff zu nehmen und in Ord-

nung zu bringen mit Anwendung des bestmöglichsten und schleunigsten Auskunftmittels.

1545. In der oben erwähnten Absicht reiste der Kaiser von Brüssel nach Antwerpen, obwohl noch geschwächt durch die Gicht und die (eingehaltene) Diät und erhielt dort den Besuch des Herrn von Orleans. Zum vierten mal die Königin von Ungarn seine Schwester, als Statthalterin seiner flandrischen Staaten zurücklassend, begab er sich auf dem Rhein nach Worms. Es war das siebente mal, dass der Kaiser diese Reise machte. Er trat in Deutschland ein mit der Absicht und dem lebhaften Verlangen, um dem was da vorging abzuhelfen, was er jetzt vermittelst eines guten Abkommens leichter zu bewerkstelligen hoffte, weil er mit dem König von Frankreich im Frieden und kein Anschein vorhanden war, dass der Türke Deutschland angreifen werde. Weil er aber den grossen Hochmuth der Protestanten kannte und ihre Halsstarrigkeit wahrgenommen hatte, so fürchtete er, man möchte doch nicht zu irgend einem befriedigenden Erfolg gelangen. Er hatte stets, wie viele Andere, die Ueberzeugung, es sei unmöglich, diese Hartnäckigkeit und eine so grosse Macht, wie die, welche die Protestanten hatten, auf dem Wege der Strenge zu beugen; daher war er unschlüssig über das,

was er thun könnte in einer Angelegenheit, welche
in Ordnung zu bringen rathsam und wichtig war.
Aber Gott, welcher die, welche ihre Zuflucht zu
ihm nehmen, nie im Stiche lässt, selbst wenn sie
es nicht verdienen, begnügte sich nicht damit, dem
Kaiser die Gnade zu erweisen, ihm Geldern so
schnell zu verschaffen; die Wahrnehmung dessen was
sich zutrug, öffnete die Augen des Kaisers und
erleuchtete seinen Verstand dermassen, dass es
ihm nicht blos nicht mehr unmöglich vorkam, durch
Gewalt einen solchen Hochmuth zu bändigen, sondern dass dies im Gegentheil ihm sehr leicht erschien,
wenn er es unter günstigen Umständen und mit
geeigneten Mitteln unternähme. Weil diese Angelegenheit von so grossem Belang und von so
schwerem Gewichte war, so wollte er deren Entscheidung nicht auf sich allein nehmen und theilte
sie (wegen des nöthigen Geheimhaltens der Sache)
blos einigen seiner treuesten Minister mit, welche
auch genaue Kunde dessen, was sich ereignet, hatten, und welche er daher von diesem Vorhaben in
Kenntniss setzte. Ihre Meinungen fielen mit der
Sr. Majestät zusammen; allein der Kaiser schob
deren Ausführung in der Hoffnung auf, dieselbe
könnte dem gemäss sein, was auf dem Reichstage in
Worms beschlossen werden würde, und in der Vor-

aussicht, dass man, im Falle die Ordnung in Deutschland auf dem Wege der Güte und des Friedens nicht
herzustellen wäre, sich genöthigt finden könnte zu
den Waffen und zur Anwendung der Gewalt zu
schreiten, je nach den eintretenden Umständen und
den sich bietenden Veranlassungen.

Der Kaiser setzte, wie schon gesagt, seine Reise
nach Worms fort, wo er wenig Fürsten des Reiches antraf, aber viele Bevollmächtigte oder Commissarien, mit welchen er zu unterhandeln begann,
indem er weiter fortführte, was in einer schon
früher in dieser Stadt gepflogenen Berathung beschlossen war. Allein die Saumseligkeit und Kälte,
welche sie in diesen Verhandlungen an den Tag
legten, liessen deutlich sehen, in welcher Absicht
und in welchem Geiste sie mit diesen Angelegenheiten sich befassten. Dies wahrnehmend, theilte
der Kaiser seine Gedanken und die oben ent-
wickelten Ansichten dem römischen König, seinem
Bruder, der auf den Reichstag gekommen war, als
einem Bruder mit und als einem bei dieser Angelegenheit sehr betheiligten Fürsten.

Mit dem Eifer nun, den dieser allen den Dienst
Gottes betreffenden Angelegenheiten zuwandte, und
von dem grossen Verlangen beseelt, so grossen
Uebelständen abzuhelfen, fand er, indem er die

Halsstarrigkeit der Protestanten sah und dass
man nur geringen Erfolg oder gar keinen erzielen
würde, vermittelst Massnahmen der Güte, das
Vorhaben des Kaisers wohl begründet und ausführbar, und stimmte demselben zu. Der Kaiser
zog in Betracht, dass die Zeitverhältnisse und die
Gelegenheit günstig und zur Ausführung dieses
Planes geeignet wären, und dass es zu diesem
Behufe angemessen und nothwendig wäre, dass
der Papst dabei mitwirkte und mit seiner geistlichen und weltlichen Gewalt beistünde, indem er
mehr als irgend sonst Jemand verpflichtet sei, so
grossen Uebelständen ein Ziel zu setzen und Abhülfe zu bringen. Ihre Majestäten beschlossen daher dieses mit einander, dessen Geheimhaltung be-
schwörend und unter der Bedingung, dass, würde
das Geheimniss nicht bewahrt, sie an das, was
verrathen worden, nicht gebunden sein sollten,
und sie setzten fest, ihren Entschluss dem Kardinal
Farnese, Enkel und damaligen Legaten des Papstes
Paul mitzutheilen, der gerade in der Stadt Worms
ankam. Dem gemäss, und nach geleistetem Eid-
schwur und Annahme der oben erwähnten Bedingung, liessen sie ihn wissen, dass wenn Se.
Heiligkeit, wie gesagt, ihnen den Beistand seiner
geistlichen und weltlichen Gewalt angedeihen lassen

wollte, Ihre Majestäten, in Anbetracht, dass die
Mittel der Güte und der Eintracht erfolglos wären,
und dass der Starrsinn und der Trotz der Protestanten mit jedem Tage mehr zunähme, in dem
Grade, dass man diese nicht länger ertragen könne,
sie es unternehmen würden, Gewaltmittel anzuwenden und der Halsstarrigkeit und Unverschämt-
heit derselben entgegen zu treten. Der Kardinal
Farnese ward durch diese Eröffnung so erschreckt,
dass er, obgleich er früher gesagt hatte, er be-
sässe ausreichende Vollmachten, um über alles,
was die Abhülfe der gegenwärtigen Uebelstände
beträfe, zu unterhandeln, zu einer Beschluss-
nahme in dieser Angelegenheit nicht vorschrei-
ten wollte.

Und als Ihre Majestäten sagten, es wäre, weil
er sich nicht weiter auf die Sache einlassen und
keine Entscheidung auf sich nehmen wollte, am
besten, in aller Schnelle Se. Heiligkeit zu befragen,
durch einen Eilboten, der ihm die Antwort zurück-
brächte, so wollte er in dieser Beziehung durchaus
nichts thun, sondern selbst der Bote sein, und erklärte, er werde mit gehöriger Emsigkeit zu Werke
gehen; in der That war diese so, wie es für eine
Person von diesem Ansehen sich ziemte, aber
keine solche, wie sie die Wichtigkeit dieser An-

gelegenheit erheischte. Das erste was er nach
seiner Ankunft in Rom that, war, dass er seinen
Eid und die von Sr. Majestät ihm auferlegte Bedingung misachtete. Denn Se. Heiligkeit berief sofort ein Consistorium, in welchem es immer einander entgegenstehende Meinungen und Parteien giebt,
und theilte darin die Anträge des Kaisers mit.
Se. Heiligkeit erwählte denselben Kardinal Farnese
zum Legaten und zum Bannerherrn (Gonfaloniere)
oder General der Kirche den Herzog Octavio, seinen
Bruder. Man ernannte sofort die übrigen vornehmsten Feldhauptleute und liess die Trommel
rühren, um Leute zusammen zu bringen, sie auf-
fordernd, an diesem heiligen Kriegszug Theil und
Genugthuung zu nehmen für Roms (einstige) Plün-
derung.

Indem Se. Majestät erwog, dass, als der oben erwähnte Vorschlag dem Kardinal Farnese gemacht
wurde, man schon nahe an Johanni war, und dass
nach Massgabe der dem Kardinal möglichen Eile
die Antwort zu spät ankommen würde, um in einer
schon zu sehr vorgerückten Jahreszeit die für eine so
wichtige Angelegenheit nöthigen Vorbereitungen zu
machen, und auch voraussetzte, dass das Geheimniss nicht bewahrt worden, sandte sie einen Eilboten
an Se. Heiligkeit, um ihr vorzustellen, dass die-

ses Jahr der Plan nicht zur Ausführung kommen
könne, es aber nothwendig sei, dass man das Geheimniss wohl bewahre; denn sonst würde sie
sich nicht an die gemachten Anträge für gebunden halten. Da das Geheimniss verletzt und
die Protestanten benachrichtigt waren, so glaubte
der Kaiser sich dergestalt benehmen zu müssen,
dass sie dem sich verbreitenden Gerüchte keinen
Glauben schenkten. Der Kaiser sah auch, dass
man auf dem genannten Reichstage nur Zeit verlieren werde (er wollte jedoch denselben hinaus-
ziehen bis er Kenntniss von der Entschlies-
sung des Papstes erhalten haben würde) und
beschränkte sich auf kurze trockene Mittheilungen, indem er die Verhandlungen auf einen für
das nächste Jahr nach Regensburg ausgeschriebe-
nen Reichstag aussetzte.

Inzwischen hatte in derselben Stadt (Worms)
eine Berathung statt über die Mittel, diesen Zwistigkeiten Einhalt zu thun. [1] Während dieses Reichstags erhielt der Kaiser die Nachricht, dass die
Prinzessin von Spanien, seine Schwiegertochter,
von einem Prinzen entbunden worden sei, welcher
von da an der Infant Don Carlos genannt wurde,

---

[1] Es waren die s. g. Religionsgespräche. W.

und vier oder fünf Tage später erhielt er die sehr
anders lautende Nachricht vom Tode dieser Prinzessin, über welche er, wie selbst verständlich, sehr
betrübt war. In derselben Zeit erhielt auch der
römische König die Nachricht vom Tode seiner
ältesten Tochter, worüber der Kaiser ebenso trau-
rig wurde, als wäre er ihr Vater gewesen.

Nachdem dieses alles vorüber war, reiste der
Kaiser von Worms ab, schlug die Rheinfahrt zum
achten mal ein und kam zum siebenten mal nach
den Niederlanden zurück, wo er die Königin von
Ungarn, seine Schwester, in Loewen fand, und begab
sich von da nach Brüssel, wo die Nachricht anlangte,
dass der Herzog von Orleans gestorben sei, acht Tage
vor dem Jahrestag des Friedensschlusses von Crespy,
von dessen Bestimmungen eine festsetzte, dass
ihm das Herzogthum Mailand eingeräumt werden
sollte. Dieser Tod kam zu gelegener Zeit, denn,
da es ein natürlicher war, so durfte man glauben,
dass Gott denselben in seinen verborgenen Rath-
schlüssen beschlossen hatte.

Der Kaiser begab sich hierauf nach Brügge,
wohin, sowohl von Seiten Frankreichs als Englands
mehrere hochstehende Personen kamen, die beauftragt waren, dieser geänderten Verhältnisse wegen,
die unter den drei Monarchen abgeschlossene Ueber-

einkunft abzuändern, zu berichtigen und aufs neue
abzufassen; allein da man keine Wege fand, sich
zu verständigen und zu einigen, so beschränkten sie
sich auf die thunlichsten Auskunftsmittel. Und
seitdem wurden die unter Ihren Majestäten geschlossenen Staatsverträge und der Frieden aufrecht erhalten, ebensowohl durch heuchelnde Ver-
stellung der Einen, als durch die Duldsamkeit
der Andern.

Hierauf reiste der Kaiser nach Herzogenbusch,
um in Utrecht ein Ordenskapitel des goldenen
Vlieses abzuhalten. Aber in Herzogenbusch ward
er von der Gicht ergriffen, so dass er genöthigt
war dort zu verbleiben und die Kapitelsvornahme
auf eine andere Zeit zu verschieben. Als er bald
darauf Besserung seiner Gesundheit wahrnahm,
hielt er es in Utrecht ab, wo ihn die Gicht wieder
ergriff. Nach Beendigung des Kapitels, sich ein
wenig besser befindend, reiste er von Utrecht ab,
um seine Lande des Staates Geldern zu besuchen,
den er aufs Neue Kraft des alten ihm darauf zustehenden Rechts besass. Die Nothwendigkeit, in der
er sich befunden hatte, gegen seine Feinde zu
Feld zu ziehen, hatte ihn verhindert, sogleich nach
deren Zurückgabe sich dahin zu begeben. Nach
Beendigung dieses Besuches setzte er seine Reise

nach Mastricht zu fort, noch sehr geschwächt
durch seinen letzten Gichtanfall, welcher der zwölfte
war. Er befand sich in dieser Stadt, als er die
Abgeordneten einiger Kurfürsten und Fürsten des
Reichs empfing. Sie sagten, sie wären benachrichtigt, dass Se. Majestät mit Waffenmacht nach
Deutschland käme; eine Neuerung, welche dem
grössten Theil dieses Landes ein grosses Aergerniss
verursachte. Sie stützten ihren Auftrag auf ein Gerücht, welches seinen Ursprung in dem hatte, was
das Jahr vorher in Rom vorgegangen war zur Zeit
der Reise des Kardinals Farnese und in der Ankunft
mehrerer Gesandten, welche Se. Heiligkeit an den
Kaiser in den Niederlanden und nach Utrecht geschickt hatte, welche unter Darlegung ihrer
grössten Bereitwilligkeit die Ausführung des An-
trages verlangten und erbaten, welchen Se. Majestät gemacht hatte, und die deshalb grosse
Heftigkeit und wenig Vorsicht an den Tag legten,
wie solches sich doch für die Ausführung dieser
Angelegenheit geziemt hätte. Aus diesem Grunde,
und um die, welche diesem Gerücht keinen Glauben schenkten, zu beruhigen, wollte der Kaiser
mit den Gesandten Sr. Heiligkeit noch nichts abschliessen, indem er sie auf die Zeit, wo er in Regensburg sein würde, verwies und vertröstete.

Ebenso antwortete er den Abgeordneten der
Fürsten, dass sie sich mit ihren eigenen Augen
überzeugen könnten, er brächte keine grössere
Begleitung mit sich, als gewöhnlich, dass er
den Wunsch hegte, die Angelegenheiten Deutschlands viel mehr auf dem Wege des Friedens und der
Eintracht in Ordnung zu bringen als auf dem der
Gewalt und der Zwietracht, und dass solches
eine ausgemachte Sache wäre, ganz seinen Gesinnungen und Wünschen gemäss; denn er hätte
nie die Waffen anwenden wollen, als wenn er erkannt hätte, dass man auf alle anderen Mittel ver-
zichten müsse, und wenn genöthigt gewesen wäre,
von denselben Gebrauch zu machén.

Als zu derselben Zeit Se. Majestät benachrichtigt wurde, dass die in Regensburg zusammen-
getretene Conferenz [1] von Seiten der Protestanten
abgebrochen werden sollte, so bestand sie bei den
genannten Commissarien darauf, dass sié diese
Berathung fortsetzen möchten bis sie dem Reichstag in derselben Stadt Regensburg anwohnen
würde. Sie gaben einige Hoffnung, in diesem Sinne
zu wirken, und schlugen, zum Behufe dieselben
befriedigender fortzusetzen und irgend ein Ver-

---

[1] D. h. die dort fortgesetzten Religionsgespräche. W.

ständigungsmittel zu finden, vor, dass der Pfalzgraf Friedrich, damals Kurfürst, sich zu Sr. Majestät nach Speier begäbe und den Landgrafen von
Hessen, dem Se. Majestät ein sicheres Geleit zu-
sicherte, dahin brächte. Der Kaiser stimmte gern
bei; denn nach seinem Dafürhalten war es weit
nöthiger, die Protestanten um sicheres Geleit zu
ersuchen als ihnen ein solches zu geben. In der
That war es· für ihn, in Anbetracht, dass das
Geheimniss wenig bewahrt worden war, nicht weniger gefahrvoll die Reise mit geringem Gefolge
zu machen, als den Krieg offen zu beginnen. Der
Kaiser fühlte sich verlegener und unschlüssiger eine
Entscheidung zu treffen, als er es im Jahr 1539
war, wo er sich entschied über Frankreich zu reisen.
Indessen hielt er es für geeignet, durch Mittel der
Milde und Mässigkeit zu versuchen, um die Ord-
nung in Deutschland wieder herzustellen, ehe er
sich genöthigt sähe, zu den Waffen zu greifen,
und dies war der Entschluss, welchem er in der
Erwartung, einen guten Erfolg zu erzielen, den
Vorzug gab, stets auf den einen oder den andern
Ausgang gefasst. Nach dem Obengesagten verliess
der Kaiser Mastricht, indem er zum fünften male
die Königin von Ungarn, seine Schwester, als
Statthalterin der Niederlande zurückliess und setzte,

zum zweten male über Luxemburg gehend, seine
Reise bis Speier fort. Es war das achte mal,
dass er nach Deutschland kam. Der genannte
Kurfürst von der Pfalz mit dem genannten Landgrafen von Hessen erklärte, dass wenn die vom
schmalkaldischen Bunde ihm die Reiterei gegeben
hätten, um welche er sie ersucht, so würde er
den Kaiser, wider seinen Willen, bis Trient geleitet und geführt haben, eine leicht ausführbare
Sache, in Anbetracht der Begleitung, welche er
verlangt hatte und des schwachen Gefolges, welches der Kaiser aus den oben angegebenen Gründen mit sich führen wollte. Aber Gott, der alle
Dinge lenkt und ordnet, verfügte hierüber anders; und dies war nicht der einzige Fehler und
der einzige Irrthum, den Gott, sie verblendend,
in ihren Angelegenheiten begehen liess; aber es
war der erste derjenigen, deren sie in der Folge
so viele gegen ihren Gott und ihren Kaiser begingen und welche die Ursache ihres gänzlichen
Verderbens waren. In seinen Vorschlägen und
Unterredungen, welche der genannte Landgraf mit
Sr. Majestät in Speier hatte, legte dieser einen
solchen Uebermuth an den Tag, dass Se. Majestät
ihn mit kurzen Worten abfertigte. Denn obwohl
er sich anstellte, als wisse er nicht, dass diejenigen

seiner Partei, welche der obengenannten Conferenz
beiwohnten, zurückgerufen worden waren und sich
zurückgezogen hatten, während damals Se. Majestät das Gegentheil wusste, und obgleich er hoffen
liess, er würde, falls sie schon abgereist wären,
sich Mühe geben, ihre Rückkehr nach Regensburg
zu bewirken, woselbst ein Reichstag zusammen-
berufen worden war, so that er doch nichts und
die Conferenz ward unterbrochen und aufgelöst.
Der Kaiser setzte daher seine Reise bis Regensburg fort. Er traf allda nur die Commissarien
der Reichsstände ohne irgend einen Fürsten, allein
der Kurfürst von Mainz kam einige Tage hernach
an, sowohl um sich mit der Einberufung des Reichstags zu befassen als auch mit dem, was ihn besonders betraf; denn kurze Zeit vorher war er
nach dem Tode des Kardinals zum Kurfürsten von
Mainz erwählt worden. [1] Wie auch die Dinge
standen, Se. Majestät war genöthigt, den Reichstag zu eröffnen und denjenigen, die sich damals da
befanden, ihre Vorschläge zu machen: allein es
wurden diese mit so viel Kälte aufgenommen, die
Angelegenheiten mit solcher Saumseligkeit behan-

[1] Der letzte war Albert IV., Sohn des Kurfürsten von
Brandenburg; er starb den 14. Sept. 1545. Sein Nachfolger war Sebastian von Heusenstamm.   W.

7*

delt und die Protestanten fuhren fort einen so
grossen Uebermuth zu zeigen, dass der Kaiser
glaubte und deutlich sah, dass Mittel der Milde
wenig fruchten dürften und er, obwohl gegen
seinen Willen, genöthigt sein würde, von andern
strengeren Mitteln Gebrauch zu machen.

Während dieser Zeit unterliessen die Gesandten
des Papstes und einige Geistliche nicht, den Kaiser
dahin zu bringen, Uebereinkommen mit ihrem
Herrn zu treffen und gegen die Protestanten die
Waffen zu ergreifen. Indessen zögerte Se. Majestät,
sowohl wegen der Grösse und Schwierigkeit des
Unternehmens, als auch um sich mit dem König,
ihrem Bruder zu besprechen, welchen sie seit
mehreren Tagen erwartet hatte und noch erwartete. Wie schon gesagt, war das Geheimniss
schlecht bewahrt worden; die Protestanten waren
auf ihrer Hut und begannen ihre Kriegsrüstungen
und Bewaffnungen, um nicht unvermuthet über-
fallen zu werden: sie dachten selbst daran, ihre
Gegner zu überraschen. Indessen wollte der Kaiser
nichts thun, um Deutschland nicht noch mehr auf-
zuregen, aber alle sahen ein, dass es nicht von ihm
abhinge zu verhindern, dass er, länger wartend,
viele Vortheile, die er haben konnte, verlöre. Sobald der König, sein Bruder, angekommen war,

theilte er ihm den Stand und den Entwickelungs-
gang der Angelegenheiten mit; und weil lange vorher der Herzog Wilhelm von Baiern seine Dienste
angeboten hatte, indem er Ihre Majestäten auf-
forderte und anspornte zu den Waffen zu greifen,
als dem einzigen Mittel gegen so viele Unver-
schämtheiten, so unterhandelten Ihre Majestäten
mit ihm, um ihn zu bewegen in die Allianz
oder das Bündniss einzutreten, welche die Gesandten des Papstes vorschlugen; allein, obwohl
er sich im Anfange in dieser Sache sehr eifrig
und feurig gezeigt hatte, so erkaltete er doch so
sehr, dass seinetwegen der Abschluss des Bundes
mehr als zweckdienlich war, verschoben wurde.
Schliesslich ging man mit ihm ein Bündniss ein,
von dem man wenig Nutzen zog, ausgenommen,
dass sein Land dem kaiserlichen Heere Lebensmittel lieferte. Man wandte sich auch an die
geistlichen Fürsten, damit sie ihrerseits etwas bei-
trügen und dem Bunde beitreten mögten. Auch
diese hatten, bevor man zur Ausführung kam,
viel Eifer gezeigt; allein als man zusammen-
treten und abschliessen sollte, wagten sie nicht,
entweder aus Furcht vor den Protestanten oder aus
Aengstlichkeit an einer so grossen Angelegenheit
Theil zu nehmen oder aus andern Gründen, sich

durch ihren Eintritt in den Bund Gefahren auszusetzen. Gleichwohl gaben sie ihre Zustimmung
zu einem Geldbeitrag in Folge eines auf den
früheren Reichstagen getroffenen Abkommens;
ein Geldbeitrag, zu dessen Leistung die Protestanten sich nicht nur nicht verpflichtet hielten, sondern welchem sie sich sogar wider-
setzten, indem sie mehrere verhinderten ihren
Antheil zu zahlen. Die Protestanten hatten also
durch diese Rüstungen einen Vortheil gewonnen,
welchen der Kaiser gehabt haben würde, wäre
das Geheimniss bewahrt worden. Aus allen diesen
Gründen stiess die Sache auf mehr Schwierigkeiten
und Gefahren. Indess sah der Kaiser ein, dass es
schwer sein würde der Ausführung dessen, worüber
man übereingekommen war, sich zu entziehen,
dass die Zeit verloren ging und dass, je länger
man zögerte, die Sache ruchbarer, schwieriger
und gefahrvoller werden würde. Er erwog ferner,
dass er, wie schon gesagt, im Frieden mit Frankreich und der König Franz durch den Krieg, den
er mit dem König von England hatte, sehr in Anspruch genommen war und dass das Gerücht ging,
der Türke wolle gegen die Sophi [1] zu Felde ziehen,

---

[1] D. h. die Perser. W.

dass man demnach mit einiger Wahrscheinlichkeit
annehmen durfte, es sei von dieser Seite keine
Gefahr zu fürchten; und dass zu grösserer Be-
ruhigung in derselben Zeit der Kaiser und der römische König einige Männer an den Türken abge-
sandt hatte, um falls es ihnen zweckdienlich schiene,
mit ihm über einen Waffenstillstand zu unterhandeln
und denselben zu erwirken, den sie in der That
später wirklich abschlossen. Er überzeugte sich
endlich, dass die Protestanten schon alle Scham
abgelegt hatten, ihre Truppen auf die Beine
brachten und bemüht waren ihr Vorhaben auszuführen. Ihre Majestäten entschlossen sich daher
mit dem Papste abzuschliessen und das in Ausführung zu bringen, wozu sie die Noth' zwang
und was der Gegenstand so langer Unterhandlungen gewesen war. In der That waren die
Dinge dermassen vorgerückt, dass, im Falle der
Kaiser das Unternehmen nicht sofort in Angriff
genommen hätte, die Bereitschaft der Protestanten
diesen ermöglicht hätte, den Rath, welchen ihnen
wie oben gesagt der Landgraf gegeben hatte, auszuführen.

Alsbald nach der Ankunft des Königs in Regensburg kam die Königin seine Gemahlin mit
ihren Töchtern dahin und man sah dort auch den

Herzog Wilhelm von Baiern ankommen sowie den
Herzog Wilhelm von Cleve mit ihren Frauen und
ihren Kindern und andern Fürsten des Reiches.

Man feierte in derselben Stadt die Vermäh-
lungen des Herzogs Albert von Baiern und des
Herzogs Wilhelm von Cleve mit zwei Töchtern
des römischen Königs und der Königin. Nach
der Trauungsfestlichkeit reisten die Königin und
ihre Töchter, die Herzoge und die Herzoginnen
und die Neuvermählten ab. Darauf entfernten
sich auch der König und der Herzog Moritz, um
Jeder von seiner Seite, die Lande Johann Friedrichs von Sachsen anzugreifen, was sie ausführten
und zwar in der Weise, dass, nachdem sie dessen
Heer eine grosse Niederlage beigebracht hatten,
sie ihm einen guten Theil seiner Besitzungen
nahmen. Es war in Regensburg, wo der Kaiser
seine Armee auf die Beine brachte, indem er zu
diesem Behufe mit mehreren Fürsten, Haupt- und
Kriegsleuten unterhandelte, sodass er in wenigen
Tagen eine ansehnliche Zahl deutscher Söldner
zusammenbrachte, an welche sich die Spanier
anschlossen, die sich in Ungarn befanden.

Die bedeutendern Städte von Schwaben, die
am schmalkaldischen Bunde Theil genommen,
hatten kurz vorher ein Schreiben vom Kaiser er-

halten, in dem er ihnen sagte, er sei davon unterrichtet, dass sie in Folge eines umlaufenden Gerüchtes, er wolle sie der Religion wegen bekriegen, Truppen sammelten und worin er ihnen die Versicherung gab, dass das Gerücht falsch sei, dass er nicht den Gedanken gehabt Krieg zu beginnen, vor allem nicht gegen diejenigen, welche ihm gehorsam gewesen und nichts gegen die kaiserliche Gewalt unternommen hätten, und dass sie daher, wenn sie ihr Heer verabschiedeten und Beweise des Gehorsams gäben, mit Sr. Majestät sich verständigen könnten; allein die Abgeordneten, welche sie damals sandten, zeigten so viel Starrsinn und antworteten in ihrem Trotze mit so viel Uebermuth, dass Se. Majestät sie so abfertigte wie sie es verdienten. Auf gleiche Weise kamen die Commissarien der Protestanten, die beim Reichstag anwesend waren, eines Tages zu Sr. Majestät, hielten ihr die um sich greifenden Kriegsgerüchte vor und baten sie, ihnen ihre Absichten zu erkennen zu geben.

Se. Majestät antwortete, dass sie nur den Krieg unternehmen wolle, wenn sie dazu genöthigt wäre, um ihr Ansehen aufrecht zu erhalten, das man täglich antaste, indem man darauf hinarbeite, es zu erniedrigen und zu schmälern. Sobald

sie diese Antwort erhalten hatten, zogen sich alle
Protestanten zurück ohne Abschied zu nehmen.

Als der Kaiser sah, dass der Reichstag so
gut als schon beendigt und aufgelöst anzusehen
wäre, nahm er mit den Zurückgebliebenen eine
kurze und trockene Auseinandersetzung vor. Hierauf wurde die von den genannten Städten aufgebrachte Kriegsmannschaft unter dem Vorwande
nach Füssen geführt, den Eingang der fremden
Söldner in Deutschland zu verhindern. Sie bemächtigten sich Füssens und noch eines andern
festen Ortes, Clusa genannt, der dem römischen
König gehörte, sodass sie es waren, welche zuerst die Feindseligkeiten eröffneten und den Krieg
begannen. Sie begingen auf diese Weise einen
grossen Fehler in ihren verwerflichen Plänen und
Eingebungen, indem sie diesen Weg statt den
nach Regensburg einschlugen (und dies war der
zweite Fehler den zu begehen Gott zuliess, indem er sie verblendete), denn zu jener Zeit war
Se. Majestät noch nicht in der Lage ihnen ge-
hörigen Widerstand zu leisten.

Der Kaiser, welcher wusste, dass die Italiener,
die der Papst unter der Führung des Kardinals
Farnese als seinem Legaten und dem Herzog
Octav als Bannerherrn hatte abgehen lassen,

unterwegs waren, sowie die Spanier, die aus
der Lombardei kommen sollten, überdachte, auf
welche Schwierigkeiten ihre Vereinigung mit ihm
stossen dürfte, wurde auch gewahr, dass Johann Friedrich von Sachsen und der Landgraf
schon mit ihrem ganzen Heere in Donauwörth
waren, und dass, wenn sie sich zwischen Se. Majestät und ihre Truppen stellten, ihre Streitkräfte
getheilt bleiben und jede Abtheilung desshalb
schwächer sein würde; und obgleich einige aus
Achtung für die Ehre Sr. Majestät Bedenken
trugen Regensburg zu verlassen, so nahm doch
der Kaiser auf dieses Eitelkeitsgefühl keine Rücksicht. Er war, als er sich für dieses Unternehmen in der ihn bestimmenden Hauptabsicht entschied, entschlossen, es gut zu Ende zu führen,
was immer auch sich ereignen möchte, denn er
wollte todt oder lebend Kaiser von Deutschland
bleiben. Er fasste also den Plan, die Stadt Regensburg, mit einer tüchtigen Kriegsmannschaft
wohl versehen, zu verlassen und sich nach Lands-
hut, einem dem Herzog von Baiern angehörenden
Ort zu begeben.

Er kam mit der geringen Mannschaft, die er mit
sich führte dort an; da er aber die Menge der
Feinde die ihn in der Nähe dieses Ortes erwarteten,

gewahr wurde, so berieth er sich mit dem Herzog
von Alba, den er zu seinem obersten Feldhauptmann gemacht hatte, sowie mit andern Hauptleuten, um zu wissen, auf welche Weise er die
beste Stellung nehmen und sich am besten verschanzen könnte, sowohl um dem Feinde zu widerstehen, als um die Seinigen zu erwarten, welche der
Länge und der Schwierigkeit der Reise wegen
nicht so schnell ankamen als zu wünschen war.

Um diese Zeit zogen die Protestanten, welche das
dem Herzog von Baiern gehörende Rhain genommen hatten, nach Ingolstadt, einer demselben Herzog angehörenden Stadt zu, in welche der Kaiser
einige Truppen gelegt hatte. Sie übersandten
ihm ihrer Gewohnheit gemäss, durch einen Trom-
peter und einen Edelknaben ein langes und nicht
weniger freches Schreiben, welches der Kaiser un-
berücksichtigt liess und zu beantworten sich nicht
die Mühe nahm. Da sie nun diesen Weg eingeschlagen hatten, so wäre es besser für sie gewesen, dieser Herausforderung gemäss, in welcher sie alle Zurückhaltung bei Seite gesetzt
hatten, vorzugehen und ihre Drohungen auszuführen, als stehen zu bleiben, wie sie thaten,
nachdem sie sich so prahlerisch und übermüthig
benommen hatten. Gott verblendete sie und ge-

stattete, dass sie diesen dritten Fehler begingen,
damit sie das Ziel ihrer verwerflichen Pläne nicht
erreichten.

Der Kaiser diesen Zeitverlust und diesen Vortheil benutzend, liess die Ankunft der Leute des
Papstes und die der übrigen italienischen Fürsten
beschleunigen, sowie die der aus der Lombardei
herbeigerufenen Spanier und einiger Deutschen,
welche in Folge der durch den Marsch der Protestanten entstandenen Hindernisse nicht früher
hatten ankommen können. Alle erreichten Lands-
hut und sofort begab sich der Kaiser mit allen
Truppen, die er um sich vereinigt hatte, auf den
Marsch nach Neuburg [1], einer herzoglich bai-
rischen Stadt, in der Absicht sich dort festzusetzen,
zu verschanzen und nach und nach dem Feind
sich zu nähern; was er sofort nicht thun konnte,
aus Mangel an Lebensmitteln, weil man, erst im
Beginn des Krieges, noch keine gute Anstalten
hatte treffen können, um die Armee so reichlich
zu versorgen, wie solches der Dienst verlangte. Der
Kaiser reiste daher von Neuburg nach Regensburg
und brachte dort alles so vortrefflich in Ordnung,
dass man keinen Mangel an Lebensmitteln mehr

[1] Im Texte steht Neustadt.   W.

verspürte, wenigstens keinen offenen und bemerk-
baren. In derselben Stadt kamen die Spanier an
von Neapel her über das adriatische Meer, desgleichen die Markgrafen Johann und Albrecht von
Brandenburg und der Deutschmeister von Preussen
mit deutscher Reiterei, die sie hatten zusammenbringen können, wodurch sie Sr. Majestät einen
Dienst leisteten.

Indessen bildeten sich die Protestanten in ihrem
Uebermuth ein, dass der Kaiser den Rückzug
nehme und sich von ihnen entferne und begaben
sich auf das andere Ufer der Donau, um die von
dieser Seite Regensburg beherrschenden Anhöhen
zu besetzen, zum Zwecke, von dort aus ihre Geschütze, worauf sie sich viel zugut thaten, gegen
die Armee des Kaisers spielen zu lassen, welche
dort ihre Standquartiere hatte und keine andern
hätte einnehmen können, als am Ufer des Flusses.
Der Kaiser aber, nachdem er, wie gesagt, die
Zufuhr der Lebensmittel geordnet hatte, verliess,
um keine Zeit zu verlieren und von seinen Geg-
nern nicht fern zu bleiben, Regensburg und begab sich in Tagesmärschen nach Neuburg. Während er diesen Weg machte, nahmen die Feinde
den weiter oben von uns angegebenen und langten
drei Stunden vor Regensburg an; als sie aber

sahen, dass ihr Plan misslungen war und dass sie
ein rauhes, gebirgiges Land durchzogen, so fürch-
teten sie, der Kaiser möchte, sie in ihren Flanken
angreifend, ihre Lebensmittelzufuhr abschneiden.
Sie beeilten sich daher sehr, den Rückmarsch einzuschlagen, und einen schmalen, schwierigen Uebergang zu erreichen, an einem Orte, Perengries (d. i.
Beilngries) genannt, zwei deutsche Meilen von
Neuburg, wo, wie schon gesagt, der Kaiser mit
seinem Heer angekommen war.

In Folge des Versäumnisses der Benachrichti-
gung durch diejenigen, welche wussten, was vorging und ihn in Kenntniss setzen konnten und
sollten von dem Vortheil, den er gehabt haben
würde, wenn er die Feinde in einem ihnen so un-
günstigen Orte angegriffen hätte, — verlor er eine
vortreffliche Gelegenheit, allein dies geschah nicht
durch seine Schuld.

Hierauf setzte Se. Majestät über die Donau
und schlug ihr Lager in schöner und fester Stellung Neuburg gegenüber auf. Die Feinde setzten
nach dem Uebergang, von dem wir sprachen, ihren
Marsch fort und lagerten sich bei der Donau,
zwei Meilen näher bei Neuburg als bei Ingolstadt.
Der Kaiser trug Verlangen, trotz des grossen Miss-
verhältnisses der Streitkräfte, ihnen entgegen zu

gehen, sowohl um täglich etwas Raum zu gewinnen, als um die Bewegungen des Herrn von Büren frei zu machen und zu erleichtern, den er beauftragt hatte, eine tüchtige Zahl Deutsche zusammen zu bringen, zu Fuss und zu Pferd, was er gethan hatte, indem er auch andere von den obengenannten Fürsten, dem Herzog Heinrich von Braunschweig oder von andern im Dienste des Kaisers stehenden Hauptleuten ihm gesandte deutsche Reiter mit sich führte.

Diese Reiterei, deren Uebergang die Protestanten verhindert hatten, hatte sich aus diesem Grunde mit Herrn von Büren vereinigt, um mit ihm zu ziehen und zusammen sich mit Sr. Majestät zu verbinden. Der Kaiser, sein Vorhaben und seinen obenerwähnten Plan ausführend, zog aus dem Lager bei Neuburg ab, um bei Ingolstadt eine Stellung zu nehmen, in welcher er dem Feinde Fronte machte, die Donau zu seiner Linken, die Stadt Ingolstadt im Rücken und zur Rechten eine freie Ebene hatte. Allein da diese Stellung Schwierigkeiten bot, so hatte Se. Majestät sich eine andere gute und starke zwischen Neuburg und Ingolstadt vorbehalten. Nachdem Se. Majestät die, welche sie vor Ingolstadt einnehmen wollte, gefunden hatte, schickte sie einige

leichte Reiter voran, um bis an das Lager der
Feinde zu scharmützeln. sodass diese sich in Bewegung setzten und man für gewiss annahm, dass
sie sich geradezu bei dem Lagerplatz niederlassen
würden, welchen Se. Majestät einzunehmen die Absicht hatte, was zu thun sie vollkommen im Stande
waren, weil sie diesem Orte näher waren und
die Ueberlegenheit der Streitkräfte für sich hatten.
Dies bewog den Kaiser, Halt zu machen und sein
Lager an der Stelle aufzuschlagen, die er, wie bereits gesagt worden, sich vorbehalten hatte, bis er
genau wüsste, was die Feinde thun würden. Als
er vernahm, dass sie sich in die Standquartiere,
von welchen sie ausgerückt waren, zurückzögen,
so beeilte er sich, mit seinem Heere die Stellung
einzunehmen, welche er vor Ingolstadt nehmen
wollte und zwar so schleunig, dass er, obwohl
spät, noch an demselben Tage dort anlangte.
Während dieser ganzen Nacht (welche nicht ohne
einigen Lärm vorüberging, weil die Masse, welche
folgte, ihre Standquartiere nur schwer erkennen
konnte), liess er Schanzgräben ziehen, soviel es
die Zeit gestattete, und das was man in der Nacht
nicht thun konnte, dem suchte man bei Tagesanbruch nachzuhelfen.

Mehrere Tage lang befanden sich beide Lager

8

einander gegenüber, und das eine im Angesicht des andern. Es fanden einige kleine Gefechte statt, in welchen mit Gottes Hülfe die Feinde immer den Kürzern zogen. Dennoch liessen sie sich eine Meile näher bei Sr. Majestät nieder. Die folgende Nacht wurde eine gelungene Ueberrumpelung ausgeführt, die ihnen grossen Verlust verursachte. Den Tag darauf gab es noch ein tüchtiges Scharmützel und den folgenden Tag rückten sie frühzeitig mit ihrer ganzen Armee und ihren Geschützen in guter Ordnung bis auf Kanonenschussweite gegen das kaiserliche Heer vor. Der Kaiser, durch den Herzog von Alba, seinen General, sofort davon in Kenntniss gesetzt, waffnete sich, stieg zu Pferde und befahl dem Herzog sogleich, jedoch ohne Geräusch und ohne Allarm zu schlagen, die ganze Armee aufzustellen. Der Kaiser hatte sich noch nicht blicken lassen und der Befehl, welchen er gegeben, war noch nicht ausgeführt, als die Feinde, welche schon einen Theil ihrer Geschütze auf einer Anhöhe, die zu diesem Behufe ihnen gut gelegen war, aufgepflanzt hatten, mit diesen Geschützen und einer Unzahl anderer, welche sie an verschiedenen Orten angebracht hatten, das Lager und das Heer des Kaisers zu beschiessen begannen, sodass sie von 8 Uhr des

Morgens bis 4 Uhr Abends, acht bis neunhundert
Schüsse aus schweren Geschützen thaten, was man
bis dahin noch nicht gesehen hatte; denn niemals
war eine Armee einem solchen Feuer auf freiem
Felde ausgesetzt gewesen, ohne durch verschanzte
Gräben gedeckt zu sein. Demungeachtet hielten
die Soldaten des Kaisers das Feuer so gut aus,
dass keiner die geringste Spur von Furcht blicken
liess und dass durch Gottes Gnade die genannten
Geschütze keinen bedeutenden Schaden anrichteten.
Die Feinde litten weit mehr durch die Geschütze,
mit welchen die kaiserliche Armee ihnen antwortete.
Man sagte, sie gingen mit dem Plane um, das Feuer
ihrer Batterien einzustellen und das Lager des
Kaisers anzugreifen. Es mag sein, dass sie Gründe
hatten, es nicht zu thun; indessen darf man ihnen
jedoch keinen Vorwurf darüber machen, dass sie
es nicht thaten.

So ging dieser Tag vorüber und die Feinde
kehrten in ihre Standquartiere zurück, welche sie
in der Zwischenzeit hatten ausbessern lassen. Der
Kaiser befahl, dass diese Nacht alle in den
Schanzgräben schlafen und, wenn irgend Lärm
entstände, die Reiterei zu Fuss nach den Laufgräben gehen und dass alle sich in gute Ordnung
setzen sollten, um sie zu befestigen, was sie mit

sehr gutem Willen thaten. Denn während der
ganzen Nacht und an dem folgenden Tage, an
welchem die Feinde ihre Geschütze nicht spielen
liessen, wurden diese Schanzgräben in so guten
Stand gesetzt, dass diejenigen, welche sich in ihrer
Nähe befanden, vollkommen in Sicherheit waren.

Während derselben Zeit verlängerte man einen
Schanzgraben in der Richtung des Lagers der
Feinde, womit diese nicht sehr zufrieden waren;
denn sie sandten einige ihrer Schützen aus, um
das Werk zu hindern, oder zu sehen, was man
machte. Aus dem genannten Schanzgraben des
kaiserlichen Lagers rückten sofort achthundert
gleichfalls mit Büchsen bewaffnete Soldaten aus,
und von beiden Seiten begann ein Gefecht. Als
die Feinde sahen, dass die kaiserlichen Schützen
auf freiem Felde waren, so liessen sie drei Schwadronen Reiterei auf sie zusprengen, um sie anzugreifen und über sie herein zu brechen; allein die
Schützen wichen nicht blos nicht zurück, sondern
führten auch einen so schönen Angriff aus, dass
die Feinde, durchbrochen und ihre Reihen öffnend,
den Rücken kehrten, nachdem sie grosse Verluste erlitten hatten, und die genannten Schützen
kehrten in den Schanzgraben zurück. Auf diese
Weise ging der zweite Tag vorüber. Den dritten

Tag fingen, zur selben Stunde wie am ersten, die
Feinde das Spiel ihrer Geschütze wieder an; sie
richteten aber nicht mehr und nicht weniger als
am ersten Tage aus. Diejenigen, welche im Innern des Lagers hin und her gingen, hatten mehr
auszustehen, als die Truppen in den Schanzgräben,
und die Artillerie des Kaisers verursachte den
Feinden mehr Schaden an diesem Tage, als am
ersten. In der Nacht machte man oft blinden
Lärm und so hatten sie wenig Ruhe. So ging
dieser Tag vorüber. Den vierten Tag ruhten
sie aus, wie sie am zweiten gethan; alles beschränkte sich auf einige Kanonenschüsse und
Scharmützel. Am fünften Tage schickten sie, unzufrieden und abgemattet durch die Anstrengungen
und Arbeiten, die sie gehabt hatten, auch beun-
ruhigt durch den Schanzgraben, der sich mehr
und mehr ausdehnte und verlängerte, sowie überzeugt, dass derselbe nicht verfehlen werde, ihnen
grossen Nachtheil zu bringen, während der Nacht
ihr grobes Geschütz voraus und zogen zu derselben Stunde, in welcher sie am ersten Tage
gekommen waren, am sechsten ab. Sie führten
ihre Schwadronen in guter Ordnung und zogen
ihres Weges bis zu dem zwei Meilen von Ingolstadt entfernten Lager, wo sie sich vorher fest-

gesetzt gehabt hatten. Von da gingen sie zwei
Meilen weiter und liessen sich in Neuburg nieder,
wo sie mehrere Tage verweilten.

Der Kaiser rührte sich während dieser Zeit
in seinem Lager nicht, in der Erwartung der Nachrichten vom Grafen von Büren und den Truppen,
die er herbeiführte, um demgemäss seine Massregeln zu treffen; denn er glaubte bei solcher Ge-
ringfügigkeit seiner Kräfte genug gethan zu haben,
sowohl rücksichtlich seiner Verschanzungen, als
der Zahl seiner Truppen, indem er den Feind, der
ihn mit so grosser Wuth angegriffen hatte, zum
Rückzuge nöthigte.

Fast zu gleicher Zeit erhielten der Kaiser und
die Protestanten die Nachricht, dass Herr von
Büren die Vereinigung, welche ihm befohlen war,
zu Stande gebracht hatte und dass, nachdem er
jenseits des Rheins über seine Truppen eine allgemeine Heerschau gehalten, er vorrücke, um
über diesen Strom zu setzen und heranziehe, um
sich mit Sr. Majestät zu verbinden. Die Protestanten, welche jeden Tag und genauer von dem,
was Herr von Büren that, unterrichtet waren,
hatten am Rhein bei Frankfurt zahlreiche Truppen zurückgelassen, um Herrn von Büren den
Uebergang zu wehren. Dieser entwickelte aber

eine solche Tapferkeit und Thätigkeit, dass er diesen Uebergang mit Waffengewalt und trotz des Feindes zu Stande brachte. Die Protestanten, davon benachrichtigt, zogen nun von Neuburg, wo sie ihr Lager hatten, ab und nahmen die Richtung nach Bendingen (d. h. Wembsdingen) zu, einem dem Herzog von Baiern gehörenden Orte, vortrefflich gelegen, um vorzurücken und dem Grafen von Büren den Weg abzuschneiden, auf welchem dieser herankommen konnte, um sich mit dem Kaiser zu vereinigen. Weil aber, um diesen Marsch auszuführen, man sich von den wichtigsten Städten Schwabens entfernen musste, welche, wie man glauben darf, wenig beruhigt waren, den Kaiser mit einer Armee so nahe bei sich zu sehen, so änderten sie ihre Ansicht und kamen zurück, um in Donauwörth sich festzusetzen, von wo sie im Anfang ausgezogen waren. Sie hätten für den Erfolg ihres Vorhabens viel klüger gethan, nach Neuburg zurückzukehren, wo sie besser in der Lage waren, dem Kaiser die Spitze zu bieten, als in Donauwörth. Dies war der vierte Fehler, den sie begingen und nicht der unbedeutendste.

In dieser Zeit erhielt der Kaiser die Nachricht, dass der Graf von Büren den Rhein überschritten

hatte, herankam und täglich näher rückte, um
seine Verbindung mit dem Kaiser zu bewerkstelligen. Er ward auch von den Absichten unterrichtet, welche die Protestanten hatten, als sie
den Weg nach Wembsdingen einschlugen, und dies
hatte ihm viel Unruhe verursacht; denn er wusste,
wie wichtig es war, dass der Graf von Büren ohne
Unfall anlangte. Demgemäss hatte der Kaiser beschlossen, hinter dem Rücken der Protestanten
vorzugehen und seine Märsche so zu richten (indem er immer wohlbefestigte Stellungen nahm),
dass die Protestanten dem Grafen keine Schlacht
liefern konnten, ohne genöthigt zu sein, zu gleicher
Zeit mit Sr. Majestät handgemein zu werden und
dass, wenn sie sich gegen den Kaiser wendeten,
der Graf seine Strasse frei und offen finden musste,
um mit ihm seine Vereinigung zu bewerkstelligen.
Der Graf beschleunigte seinen Marsch so sehr,
dass er mit allen seinen Leuten wohlbehalten vor
Ingolstadt im Lager des Kaisers ankam.

Dieser, nachdem er die Stadt Neuburg hatte
auskundschaften lassen und sie selbst recogno-
scirt hatte, setzte mit seiner ganzen Armee über
die Donau, nahe am Lager vor Ingolstadt und
marschirte nach dem genannten Neuburg, wo sich
vier Fähnlein Fussvolk befanden, die sich ergaben.

Als der Kaiser in Neuburg angekommen, liess er
eine Besatzung allda und setzte sich, nachdem er
alle nöthigen Anordnungen getroffen, an der Donau
fest in einem Orte mit Namen Maresheim (d. h.
Marxheim) eine gute Meile von Donauwörth, wo die
Feinde, wie gesagt, ein wohlbefestigtes Lager hatten und wo sie verstärkt wurden durch die Truppen, welche sie zurückgelassen, um Herrn von
Büren den Durchzug zu versperren. Obgleich
nun beide Lager ganz nahe an einander waren,
so konnte man während der wenigen Tage, in
welchen man sich in dieser Stellung befand, doch
nicht handgemein werden.

Dies veranlasste den Kaiser, seinen Plan zu
ändern. Er verliess seine Stellung von Marxheim und gewann, sich von der Donau ent-
fernend, wo er jedoch stets sein Lager hielt und
die Feinde zu seiner Linken lassend, einen Ort in
der Gegend von Neuburg, der Monheim heisst.
Den Tag darauf, welcher der Vorabend des Festes
des heiligen Franciscus [1] war, zog er von da ab,
um sich auf einem kleinen, Oettingen und Nördlingen gegenüber liegenden Berge fest zu setzen,
auf welchem er einen Theil seines Geschützes

[1] Den 4. October.

aufstellte und um denselben sein Lager schlug.
Als dies geschehen, erhielt der Kaiser bei Einbruch des Abends die Meldung, dass man die
Trommeln der Feinde höre. Der Lärm kam aus
einem Wald, welcher zwischen dem Kaiser und
den Feinden lag; die Dunkelheit nahm zu und
zu gleicher Zeit fing an ein Nebel aufzusteigen.
Alle diese Ursachen verhinderten, von dem, was
die Feinde thaten, gewisse Kunde zu erlangen.
Der Trommelschlag wurde die ganze Nacht hindurch vernommen und den ganzen Morgen des folgenden Tages, welcher der des Festes des heiligen
Franciscus war. Während der Nacht verblieben
die Armee und der Oberfeldherr im Lager wach,
um die Anstalten und Absichten der Feinde zu
erspähen. Der Kaiser, welcher zwei Tage vorher
einen Gichtanfall am Fusse gehabt hatte, blieb
selbst den grössern Theil der Nacht wach, um zu
wissen, was man Neues vernommen und demgemäss die geeigneten Anordnungen zu treffen,
was ihn nicht abhielt, obgleich an der Gicht leidend, vor Tagesanbruch aufzustehen. Er beich-
tete und hörte die Messe, in der sichern Meinung,
dass man diesen Tag eine Schlacht liefern würde.
Trotz des Nebels und trotz der Schmerzen, die
er empfand, stieg er zu Pferde, verliess das La-

ger und ritt den Hügel hinan, auf welchem das
Geschütz sich befand, um schneller gewahr zu
werden, was sich zutrug; allein die Gicht quälte
ihn in solchem Grade, dass er genöthigt war, eine
Leinwandbinde am Bogen des Sattels zu befestigen,
um den Fuss darin ruhen zu lassen, und so trug
er ihn den ganzen Tag.

Während dieser ganzen Zeit konnte man von
den Feinden nichts in Erfahrung bringen wegen des
Nebels, der in der vorhergehenden Nacht auf-
gestiegen war und der fortfuhr, so dicht zu werden, dass man nicht auf zwei Schritte sehen
konnte, bevor derselbe fiel, was erst gegen 10 Uhr
vormittags statt hatte, und nun machte man die
Entdeckung, dass die Feinde den Wald, von dem
weiter oben die Rede war, überschritten hatten
und die Berge einnahmen, die sich bis Nördlingen
ziehen und auf welchen sie alle ihre Schwadronen
in guter Ordnung aufgestellt hatten. Richtig ist
es, dass die letzten des Nachtrabs und einige andere, die sich noch in der Schlucht zwischen dem
Wald und den Bergen befanden, von den leichten
kaiserlichen Reitern einen solchen Angriff auszustehen hatten, dass sie einen schnellern Schritt
annahmen, um sich nach den Bergen zu flüchten,
wo der Kern ihrer Streitkräfte war. In der Zwi-

schenzeit hatte der Kaiser sein ganzes Heer aus
dem Lager rücken lassen. Sobald der Nebel gefallen war, stellte er die Schwadronen in Schlachtordnung und, nachdem er benachrichtigt worden,
dass die feindliche Armee im Gesicht sei, so
marschirte er in guter Ordnung und gemessenen
Schrittes dem Feinde entgegen. Er ging also
voran und nahm einen kleinen Berg in Besitz,
der näher an dem Bache war, um besser sehen
und die geeigneten Anstalten machen zu können.
Dort traten der Herzog von Alba, sein General,
viele andere Hauptleute und Personen von Rang
zusammen, berathschlagten sich und Jeder sagte,
was ihm das Beste schien. Der Kaiser, welcher
seines Unwohlseins wegen nicht vom Platze rücken
und nicht, wie er gewohnt war, sich selbst bemühen konnte, fand die Mehrzahl seiner Hauptleute der Ansicht, dass man den Fluss, auf den
man hier stiess, überschreiten und sich schlagen
oder wenigstens eine gute Anzahl Reiter über denselben setzen lassen sollte, unterstützt von einigen
Schützen, welche den Nachzug angreifen und sehen
sollten, wo sich die Feinde aufstellen würden und
man zu gleicher Zeit die Armee bereit halten
sollte, wie sie es schon war, um sie in Bewegung zu setzen, sobald dies nöthig sein würde.

Da der Kaiser, wie gesagt worden, die Lage der
Oertlichkeiten nicht untersucht hatte, aber alle
über die Nothwendigkeit, sich zu schlagen, einer
Meinung waren, so gab er der genannten Reiterei
alsobald den Befehl, über den Fluss zu setzen. Aber
im Augenblick, als er sich umwandte, um sie zum
Gefecht ziehen zu lassen, ward ihm ein besserer
Rath von einem Hochstehenden seines Hofes er-
theilt, der ihm die Lage der Oertlichkeiten auseinander setzte und die Unmöglichkeit bewies, den
Fluss zu überschreiten, um eine Schlacht zu liefern, ohne sich der augenscheinlichen und fast ge-
wissen Gefahr, zerstreut zu werden, wegen des
grossen Vortheils, welchen die Feinde haben würden, auszusetzen. Der Kaiser erkannte und billigte
diese Gründe vollkommen und liess sofort die
Reiterei zurückrufen, die schon mit grosser Beschwerde über den Fluss gesetzt war und mit
noch grösserer Beschwerde über denselben zu-
rückging, indem der Uebergang sehr schwierig
war, und die gesammte Armee kehrte in das
Lager zurück. Was die Feinde betrifft, so setzten
sie ihren Marsch fort, bis sie sich auf den Bergen
bei Nördlingen, von welchen die Rede war, festgesetzt hatten. Hätte man den Fluss überschreiten
und sich schlagen sollen? Ueber diese Frage gab

es seitdem und wie man glaubt noch jetzt grosse
Zwistigkeiten und verschiedene Meinungen. Der
Kaiser wollte später nach seinem Gefallen eine
genaue Besichtigung der Oertlichkeiten vornehmen, ohne dass ihn dabei jemand hätte hindern
können. Daraus folgte, dass Se. Majestät und
alle diejenigen, welche der Ansicht waren, den
Fluss nicht zu überschreiten und nicht zu schlagen,
in ihrer Ansicht sich bestärkten, die aufhörte, für
sie zweifelhaft zu sein, und das Unternehmen
schien ihnen um so weniger ausführbar, als es
den Feinden viel bequemer als dem Kaiser war,
anzugreifen und eine Schlacht zu liefern. Die,
welche an diesem Tage der Ansicht waren, zu
schlagen, gestanden, sobald sie die Oertlichkeiten
in Augenschein genommen hatten, dass ihr Rath
nichts getaugt und die, welche den Erörterungen
nach dafür gehalten hatten, das man nicht wohl
thun würde, sich nicht zu schlagen, erkannten
nach der Besichtigung der Oertlichkeiten gleichfalls ihren Irrthum. Diejenigen, welche sie nicht
gesehen haben, und noch jetzt die Meinung vertheidigen, man hätte schlagen sollen, würden wohl-
thun, sich dieselben anzusehen, und sollten sie
auf demselben Gedanken beharren, so wäre es
wünschenswerth, dass sie sich genau die Lage

der Armee vergegenwärtigten; dies würde vielleicht ihre Meinung umstimmen.

Wie gesagt kehrte der Kaiser, um zu übernachten, zurück in das Lager, von dem er weggegangen war, und als er sah, dass die Feinde weiter entfernt waren, als er wünschte, brach er den andern Tag das Lager ab und liess es am Ufer des Flusses aufschlagen, der den Tag vorher der Gegenstand der vorhin erwähnten streitigen Erörterungen gewesen, und nun sah man ein, welches die bessere Ansicht war. Das Lager umfasste zwei kleine an einander grenzende Berge in der günstigsten Lage. Als der Kaiser diese Quartiere nahm, kamen einige protestantische Reiter von den Höhen in die Ebene herab und sogleich setzten mehrere Kaiserliche über den Fluss. Es fand ein starkes Gefecht statt, viele Büchsenschüsse, und Todte von beiden Seiten, aber mehr auf der der Protestanten, besonders unter den Vornehmen. Es fiel daselbst unter andern der Herzog von Braunschweig. Indessen war es schon spät, der Kaiser konnte den Seinigen nicht zu Hülfe kommen, wie es die Feinde für ihre Kämpfer thaten, weil, wie gesagt, es nothwendig war, über den Fluss zu gehen. Uebrigens wollte der Kaiser sein Lager aufschlagen und liess diesem Gefecht ein

Ende machen. Mehrmals untersuchte er und liess
er die verschiedenen Stellungen untersuchen, um
zu sehen, ob es kein Mittel gebe, den Protestanten Schaden zuzufügen; aber da er keins fand,
erwog und beschloss er heimlich, was sich thun
liesse und entschied sich endlich dahin, die nöthige
Anzahl Truppen wegzusenden, um Donauwörth, eine
Reichsstadt, anzugreifen, von welcher die Feinde
ausgerückt waren, als sie in die Nähe von Nördlingen kamen und wo sie eine Besatzung zurückgelassen hatten, welche beauftragt war, dieselbe
zu vertheidigen. Demgemäss liess er beim Beginn der Nacht die genannten Truppen abmar-
schiren, die mit Tagesanbruch ankamen und beim
ersten Sturmlaufen die Vorstädte nahmen. Kurz
darauf ergab sich die Stadt.

Nachdem dies geschehen, verliess Se. Majestät
ihr Lager und begab sich nach Donauwörth, in
der Absicht, an der Donau entlang, in der Richtung von Ulm zu ziehen, um zu sehen, ob es Mittel gäbe, die Wiederverproviantirung der Feinde
zu verhindern und in der Hoffnung sie zu schwächen und zu erschöpfen (und die Einwohner Ulms
mit ihnen) sie nöthigend, die Höhen zu verlassen
und an einen Ort zu kommen, wo man ihnen
leichter hätte eine Schlacht liefern können.

Man muss wissen, dass um nach Donauwörth zu
gelangen, der Kaiser nothwendigerweise sein Heer
über den Fluss setzen und es auf freiem Felde sich
in Schlachtordnung aufstellen lassen musste, zu
nächst dem protestantischen Lager. Obwohl Schiffbrücken zum Flussübergang geschlagen waren und
obwohl man die Furten besser kannte, als zur
Zeit, wo man zum ersten male dorthin kam; so
war doch der Uebergang so schwierig (und es
gab auf der andern Seite noch andere Gewässer
zu überschreiten) — dass, wenn die Feinde ein
grosses Verlangen zum Schlagen gehabt, sie es
an jenem Tage mit grossem Vortheil hätten thun
können. Deshalb darf man, ohne die sie bewegenden Gründe zu kennen, sich dahin aussprechen,
dass man dies für den fünften Fehler zu halten
habe, den sie begingen.

Als der Kaiser sah, dass die Protestanten sich
nicht rührten, so zog er in guter Ordnung bis
zum Lager, das an der Donau zwischen Donauwörth und Hastat war. Diejenigen, welche es
besetzt hielten, verliessen es und die Einwohner
von Hastat überbrachten dem Kaiser die Schlüssel
ihrer Stadt, welcher am folgenden Tage nach Dil-
lingen aufbrach, das dem Beispiele von Hastat
folgte. Hierauf setzte er sich bei Laubingen

9

(d. i. Lauingen) fest, einem dem Herzog Otto von
Baiern gehörenden Orte, in welchem vier Fähnlein Deutscher waren, die an jenem Abend Miene
machten sich zu vertheidigen.

Der Kaiser, davon benachrichtigt, dass die
Feinde der Stadt zu Hülfe kommen und Stellung
auf einigen Anhöhen nehmen wollten, die am Ausgang eines Waldes lagen, befahl, obwohl noch ziemlich weit von der Stadt entfernt, dass die ganze
Armee des andern Tags beim ersten Schein der
Morgenröthe bereit sein sollte, sich vorwärts
zu bewegen, so bald und von wo aus er es wolle;
er selbst brach frühzeitig mit dem Herzog von
Alba, seinem General und mehreren seines Kriegs-
raths auf, um zu sehen, welche Stellung man
als die geeignetste, um sich mit dem Feinde zu
schlagen, nehmen könnte, so bald sie aus dem
Walde hervordringen würden. Er war unterwegs,
als mehrere Bewohner dieser Stadt herauskamen
und sie Sr. Majestät übergaben. Das Gleiche
thaten die Einwohner von Gundelfingen. Die von
Lauingen gaben Nachricht, dass die genannten
vier Fähnlein sich zurückgezogen und die Brücke
der Donau vor Tagesanbruch überschritten hatten
mit einigen Stücken Geschütz und einem der
Hauptleute des Bundes, der den Tag zuvor an-

gelangt war und sie damals abgehalten hatte, sich
zu ergeben; und, so fügten sie hinzu, mit jenen
vier Fahnen und der Artillerie habe er den Weg
nach Augsburg eingeschlagen.

Auf diese Nachricht hin kehrte der Kaiser,
beachtend, dass er nichts von einer Bewegung im
Lager der Protestanten vernommen hatte, zur
Armee zurück und liess, an Lauingen vorüber-
ziehend, wohin er eine angemessene Besatzung
legte, einige leichte Reiter über die Brücke gehen
zur Verfolgung der genannten vier Fähnlein. Sie
erreichten und bedrängten sie nach einem Scharmützel derart, dass sie ihr Geschütz Preis gaben,
das zum Kaiser gebracht wurde. Beseelt von
dem grossen Verlangen, den Vorsprung zu gewinnen, rückte der Kaiser mit seiner Armee so
rasch vor, dass er an demselben Tage über einen
Fluss ging, welcher die Brenz heisst, und sich am
Ufer eines anderen Wassers festsetzte, das nach
Ulm zufliesst (?), in einem Orte Namens Sontheim.
Bei seiner Ankunft allda ward der Kaiser benachrichtigt, dass in der Nachbarschaft einige feindliche Reiter wären, in einer kleinen kaiserlichen
Stadt, Giengen genannt an dem genannten Fluss
Brenz. Sr. Majestät sandte ihren General mit
gehöriger Begleitung aus; aber sobald diese Reiter

9 *

ihn gewahr wurden, zogen sie sich zurück. In
derselben Stadt lagen einige Gensdarmen des Feindes; diese, hoffend oder wissend, dass ihr ganzes
Heer den Tag darauf ankommen würde, verstell-
ten sich, weil es schon spät war, als man sie auf-
forderte sich zu ergeben, gaben ihr Ehrenwort,
dass sie den andern Tag sich ergeben würden und
gewannen durch ihre List die Nacht. In derselben
Nacht sandte der Kaiser, in seinem Lager angekommen, Spione in zwei oder drei Richtungen aus,
um etwas von den Feinden zu erkundschaften.
Diejenigen derselben, die sich nach der Seite, wo
keine waren, begeben hatten, brachten keine Nachrichten zurück; aber die, welche die Richtung
eingeschlagen hatten, in der Feinde waren, tra-
fen auf deren Wachtposten; die einen wurden gefangen genommen und die andern kamen ohne
etwas zu wissen zurück. Infolge dessen fand sich
am Morgen der Kaiser unentschieden und unschlüssig: er wusste nicht, ob es besser sei, die
Richtung nach Ulm zu nehmen, um den Vorsprung
über die Feinde zu gewinnen, oder zu bleiben,
weil, wäre er in zu grosser Eile vorgegangen, sie
auch wohl eine Stellung hätten nehmen können,
die ihm die Zufuhr der Lebensmittel abgeschnitten
haben würde.

In Mitten dieser Zweifel erhielt der Kaiser die
Nachricht, dass die Protestanten sich auf dem
Marsch befänden, allein er wusste noch nicht genau, wo sie sich festsetzen wollten. Infolge dessen
brachen der Kaiser, sein General und viele andere
Herren auf, die Anstalten der Feinde in Augenschein zu nehmen, welche in guter Ordnung dahin zogen, um sich in Giengen niederzulassen.
Der Kaiser, welcher sah, dass er seine Armee nicht
in Schlachtordnung gestellt, und dass sie im Gegentheil in Bereitschaft war, sich nach Ulm zu auf
dem von dem Feinde innegehabten, entgegengesetzten Ufer, in Marsch zu setzen, kehrte in
sein Lager zurück und schickte seine Truppen in
ihre Standquartiere; die Feinde thaten desgleichen.
Als der Kaiser die Stellung und die Anordnungen
der Feinde ersehen hatte, kam man überein, ihnen
an diesem Tag einen guten Hinterhalt zu legen:
da man aber die Vorbereitungen dazu nicht zu
Ende bringen konnte, so wurde das Unternehmen,
so wie es sein sollte, nicht ausgeführt. Es ist jedoch anzunehmen, dass wäre derselbe gehörig ver-
anstaltet worden, er grosse Erfolge gehabt haben
würde; denn trotz der Unentschlossenheit, mit
der man zu Werke ging, brachten die kaiserlichen

Schützen den Feinden so grosse Verluste bei, dass
sie stets dieses Tages sich erinnerten.

In der That, als später der Kaiser den Hinterhalt, so wie er sein musste, legen wollte, indem er eine günstige Gelegenheit benutzte, und
Plänkler voraus schickte, um die Feinde anzu-
locken, so war es niemals möglich sie zu bestim-
men in grosser Zahl und weit von ihrem Lager
weg zu gehen. Dieses Hinterhaltlegen misslang
vielleicht auch aus dem Grunde, weil Giengen
in einer Tiefe liegt und weil die Protestanten ihr
Lager auf dem entgegengesetzten Ufer des Flusses
hatten, wo das Sr. Majestät war. — Auf dieser
Seite des Lagers Sr. Majestät befand sich eine
Anhöhe, welche Giengen und einen Theil des
Lagers der Protestanten beherrschte. Deshalb
liessen diese einen guten Theil ihrer Mannschaft
über den Fluss gehen und diese Anhöhe besetzen, und da man nur schwer von einem Lager zum andern ihnen zu Hülfe kommen konnte,
so befestigten sie diese Stellung sehr gut und von
diesem Lager aus entdeckte man einen Theil des
Hinterhalts, der dort gelegt worden. Die Folge
hiervon war, dass Se. Majestät befahl, dass derselbe ins Lager zurückginge. Um alle Mittel zu
versuchen, den Feinden Schaden zuzufügen, schien

es zweckmässig, wie man auch that, sich zu einem
nächtlichen Ueberfall (Camisade genannt) zu ent-
schliessen; aber die Feinde wurden benachrichtigt
und nahmen so gut ihre Massregeln, dass man
klug daran that, dieses Vorhaben nicht auszuführen.

Da die Protestanten die genannte Anhöhe ober-
halb Giengen auf derselben Seite des Flusses besetzt hielten, auf der sich auch das kaiserliche
Lager befand, und da Se. Majestät eine andere
Anhöhe, gleichfalls auf der Seite, wo die Standquartiere der Protestanten waren, inne hatte, so
fing man, vom Augenblicke, wo sie in Giengen angelangt waren, die dem kaiserlichen Lager gegenüber liegende Anhöhe auch zu befestigen an, um
die Italiener, welche da geblieben waren, dort
hin zu legen.

Denn fast alle waren schon abgezogen, indem
sie sich über schlechte Behandlung beklagten und
über die Unzulänglichkeit der Löhnung. Die Zurückgebliebenen waren von so bösem Willen, dass
sie, als sie den Legaten, welchen der Papst hatte
zurückrufen lassen, sich entfernen sahen, die Gelegenheit ergreifen wollten, in ihre Heimath zurückzukehren; gerade im Augenblick, wo man das
Heer Sr. Majestät zu vermehren suchte, weil die
Protestanten zahlreiche Verstärkungen aus Wür-

temberg erhielten und in die Schanze, welche man
errichtete, eine Besatzung legen wollten. In dieser
Zeit zogen von den 4000 Mann Sr. Heiligkeit 3000
an einem Morgen ab. So war der Kaiser genöthigt,
diese Pläne aufzugeben, weil er nicht mehr Mannschaft genug hatte, um sie in die im Bau begriffene
Schanze zu legen, und aus diesen Gründen liess man
sie unvollendet. Die Jahreszeit war schon sehr vorgerückt, denn man näherte sich Allerheiligen und
die Regen begannen. Als der Kaiser sah, dass
er von seinem Lager aus den Feinden keinen Schaden zufügen konnte, beschloss er, nach einigen kleinen Gefechten, über den Fluss zurückzugehen und bei
Lauingen zu lagern. Er machte sich daher auf den
Weg und zog in guter Ordnung vorwärts und in der
Erwartung, die Feinde würden ihr Glück versuchen,
was, nach der Ansicht mehrerer, sie hätten thun
können und sollen. Gleichwohl, aus Gründen,
welche sie für gut hielten, rührten sie sich diesen
Tag nicht und der Kaiser setzte seinen Marsch
fort bis zu dem Orte, wo er zu bleiben gedachte.
Der Regen und das schlechte Wetter dauerten
fort. Ueberdies war der Boden schlüpfrig und
feucht; und das kaiserliche Lager voll Koth. Das
feindliche Lager, obwohl auf den Anhöhen, war
gleichfalls, wie man später erfuhr, in keinem bes-

seren Zustand. Dies war die Ursache, warum man
während der ganzen Zeit wo der Kaiser in seinem
Lager verweilte, nichts Bedeutendes unternahm.
Im Gegentheil, um dieselbe Zeit wollten die Protestanten wegen des Friedens unterhandeln; allein
Se. Majestät, einsehend, dass man zu keiner er-
klecklichen Vereinbarung kommen würde, brach
die Unterhandlung ab.

Während Se. Majestät sich in dem genannten
Lager befand, erhielt sie die Nachricht, dass Johann Friedrich von Sachsen durch die Truppen
des Königs und des Herzogs besiegt worden war.

Wegen der schlechten Witterung und aus anderen Gründen, welche einige Personen bestimmten,
war man allgemein der Meinung, der Kaiser sollte
die Soldaten in Garnisonen legen. Auf diese Weise
würde er die Protestanten mehr gedrängt und ge-
drückt haben, besonders die Städte, welche mit
ihnen hielten; denn diese Besatzungen hätten ihnen
ihren Kriegsbedarf und ihre Nahrungsmittel. ent-
zogen und so ihnen scharf zugesetzt; allein der
Kaiser war der Ansicht, dass der gute Erfolg seines Unternehmens darin bestände, die Armee der
Protestanten zu zerstreuen und ihre Streitkräfte
zu theilen; es schien ihm, dass wenn er seine Armee in Garnisonen legte, dieselbe theilen, schwächen,

auflösen heissen würde. Der Kaiser liess zu wiederholten malen die Orte in Augenschein nehmen,
die ihm zum Ueberwintern günstig und geeignet
schienen und um dem Feind die Stirne zu bieten,
bis man sehen würde, welches der beiden Heere
zuerst den Kampf aufgeben oder auseinander zu
gehen genöthigt sein würde. Darauf zog er von
dem genannten Orte weg, der feucht und kothig
und darum einer Armee wenig angenehm und vor-
theilhaft war, und suchte eine andere der Feuchtig-
keit nicht zugängliche, starke und gut gelegene,
dem Sinn und der Befriedigung der Soldaten ent-
sprechende Stellung auf. Man will behaupten,
die Protestanten hätten an diesem Tage abermals
mit Vortheil sich schlagen können. Wenn dem so
ist und sie einen Fehler begingen, so muss man
ihn dem zuschreiben, der ihn machte. Se. Majestät
beschloss also, ihr Unternehmen bis ans Ende fort-
zuführen und darin zu beharren, bis eine der beiden Armeen genöthigt sein würde, sich durch
Gewalt, schlechtes Wetter, Hunger oder andere
Noth aufzulösen,

Der Kaiser ward benachrichtigt, dass es eine
andere Oertlichkeit in einer schönen und guten
Lage gebe, wo er, den Feinden näher rückend,
ihnen so viel Verlust beibringen und so viel Vor-

theile über sie erringen könnte, dass man ohne
Zweifel für gewiss annehmen dürfe, sie durch
Uebermacht niederzuwerfen und zu zwingen sich
aufzulösen und zu trennen, und er beschloss
dies Unternehmen in kurzer Zeit auszuführen.
Da aber die Sache von grosser Wichtigkeit war
und der Schwierigkeiten nicht ermangelte, und
weil man, ohne die nöthigen Vorbereitungen gemacht zu haben, ein schweres und gefahrvolles
Unternehmen nicht wagen darf; so verschob er die
Ausführung auf einen günstigen Zeitpunkt. Nun
ereignete es sich, dass in derselben Zeit die Stadt
Nördlingen über ihre Unterwerfung unterhandelte,
und der Kaiser dachte, er würde, sie in Besitz
nehmend, ein anderes Mittel finden, die Feinde zu
beunruhigen, indem es von ihm abhing, den einen
oder den andern der beiden Wege zu wählen
und einzuschlagen. Der Kaiser erkannte die Lage
und die grossen Vorzüge dieser Oertlichkeit und
forschte nach, wie er von derselben Vortheil ziehen
könnte, um die Feinde zu zerstreuen. Wie andere,
welche später sie gleichfalls untersuchten, ward er
der Ansicht, dass die Sache thunlich und zweckdienlich sei, vorausgesetzt, dass sie gut ausgeführt
würde.

Die Protestanten hatten geglaubt, dass des

Kaisers Bewegung nach Lauingen die Folge irgend
einer Noth oder Entmuthigung gewesen; als sie
aber den Kaiser die oben angegebenen Standquartiere beziehen sahen, fanden sie sich in ihren
Erwartungen getäuscht. Und wirklich als sie er-
fuhren, dass Se. Majestät aufs Neue sich ihnen
wieder zu nähern begann, so zeigten sie viel weniger Thatkraft und Muth als vorher, und trotz
der Scharmützel, welche der Kaiser begann und
der Veranlassungen, die er ihnen bot, aus ihrem
Lager zu. rücken, gab es doch kein Mittel, sie aus
demselben heraus zu locken. Schon waren unter
ihnen Wortwechsel und Streitigkeiten entstanden;
die Reichsstädte waren der grossen Ausgaben und
Kosten, die sie trugen, überdrüssig und die übrigen
Mitglieder des Bundes konnten diese Kosten nicht
bestreiten. In Folge dessen schickten die Protestanten ihr grobes Geschütz zurück; und endlich
den 22. November Morgens, brachen sie ermüdet
und ihrer Anstrengungen überdrüssig, durch das
schlechte Wetter und viele andere Dinge, die sie
ängstigten, entmuthigt, sowie aus anderen Be-
wegungsgründen, die sie besser kannten, als
irgend Jemand, ihr Lager ab und zogen alle
weg, um sich auf einigen Anhöhen am andern Ufer
der Brenz festzusetzen unter dem Schutz eines

an der Grenze Würtembergs gelegenen Schlosses, Namens Heidenheim. Die Nacht vorher war der Kaiser durch einen Spion benachrichtigt worden, dass das grobe Geschütz der Protestanten fort war, und da er fürchtete, was sich wirklich zutrug, so schickte er denselben Spion in das feindliche Lager zurück, indem er ihm befahl, wie viel Uhr es auch sein möchte, zurückzukommen und von dem, was sie dort thaten, Bericht zu erstatten. Dieser Spion, der sogleich nach Mitternacht abgegangen war, um ihn hiervon in Kenntniss zu setzen, erzählte, dass sie in derselben Stunde sich auf den Marsch begeben hätten, dass er aber, weil er auf seinem Wege Truppen begegnet, gezwungen gewesen, sich seitwärts zu wenden, und dass er, der Nacht und des Nebels wegen, der am Morgen aufstieg, sich verirrt habe, so dass er erst im Lager des Kaisers ankam, nachdem Se. Majestät sich entfernt hatte. Sei es nun, dass er die Wahrheit gesagt oder dass es falsche Ausflüchte gewesen, die Folge war, dass er sehr spät und nicht mehr zu gehöriger Zeit ankam. Denn der Kaiser, gegen zehn Uhr Morgens benachrichtigt, dass die Protestanten aufgebrochen waren, sandte sofort seinen General mit einigen Reitern und einigen Schützen als Plänklern aus, um die Wahr-

heit zu erfahren. Se. Majestät folgte ihm mit
anderen Reitern nach, der ganzen Reiterei den
Befehl zurücklassend, schleunigst vorzurücken und
dem gesammten Fussvolk den, sich bereit zu halten, um das auszuführen, was befohlen werden
würde. Nachdem man an dem von den Protestanten verlassenen Lager vorüber war, rückte man
ihnen nach bis man eine ihrer Schwadronen, die
als Nachhut diente, traf, mit der man sofort ein
Gefecht begann, so dass ihr ganzes Heer sich in
Schlachtordnung aufstellte und sich zum Schlagen
und den Kampf zu bestehen in Bewegung setzte. .
Nach einigen Berathungen über das, was zu thun
sei, befahl der Kaiser der ganzen Reiterei an
dem Orte, wo er sich befand, im Angesicht des
Feindes Halt zu machen; und da es schon spät
war, so kehrte er sofort in sein Lager zurück
um sein Fussvolk und seine Geschütze vorrücken
zu lassen; denn seine Absicht war, dieselbe Nacht
die ganze Armee so nahe bei den Feinden aufzustellen, dass sie mit Tagesanbruch dieselben angreifen könnte.

Die Infanterie und die Artillerie setzte sich
sogleich in Bewegung, Sr. Majestät, die als Führer
diente, folgend: und sie kamen eine Stunde nach
Mitternacht an, da wo die stärkste Abtheilung

der Truppen Halt gemacht und sich festgesetzt
hatte, wo sie sich den Rest der Nacht ausrichten,
je nach Zeit und Ort, ein Jeder so gut er konnte
und ohne seine Schwadron zu verlassen.

Der Kaiser war vorangegangen, um mit seinem
General näher bei den Feinden zusammenzutreffen;
als aber der Tag anbrach, an welchem er seine
Pläne zu verfolgen und auszuführen glaubte, folgte
auf die grosse Kälte der vorhergehenden Nacht
ein dichter Schneefall, und der Kaiser, welcher
sah, dass seine nur ihre Waffen mit sich füh-
renden Soldaten nichts hatten, um sich gegen den
Hunger und die Kälte zu schützen, entschied sich,
in das Lager zurückzukehren, von welchem er
Tags zuvor ausgezogen war; und dies war kein
Nachtheil: weil die Protestanten so untergebracht
waren, dass, wenn es auch das beste Wetter der
Welt gewesen, man mit Vortheil nichts gegen sie
hätte unternehmen können.

In das Lager zurückgekehrt, hielt sich der
Kaiser nur kurze Zeit auf; denn er machte sich
alsbald auf den Weg, um den Protestanten einen
Vorsprung abzugewinnen und sie zu verhindern
eine bequeme und günstige Stellung zu nehmen;
denn in diesem Augenblick suchten sie eine Stütze
in der Festigkeit, der Stärke und der Lage der

Oertlichkeiten und befanden sich mitten im Gebirge und auf rauhem und hartem Boden. Dies veranlasste die Einwohner von Nördlingen und anderer Städte und Burgen, in welchen sie Mannschaft gelassen hatten, und die sich verlassen sahen und ohne Hoffnung auf Hülfe, sich Sr. Majestät zu unterwerfen. Der Kaiser, dessen Absicht mehr die war, die Protestanten zu entzweien und untereinander uneinig zu machen, als sich an diesen Orten zu rächen, nahm ihre Zusage an und schlug den Weg nach Nördlingen ein.

Wie schon gesagt, war der Winter bereits sehr streng. Die Soldaten waren ermüdet und erschöpft und die Meisten, ja fast Alle waren der Ansicht, es wäre gut, wenn der Kaiser mit den errungenen Erfolgen sich begnügte, seine Truppen an den Grenzen in Garnisonen legte und die Armee ausruhen liesse. Der Kaiser hätte es gern gethan, sowohl um seine Truppen zu schonen, als auch um nicht fast allein der eigenen Meinung zu folgen; allein er sah ein, welchen Nachtheil dies zur Folge haben könnte und dass man die Frucht aller errungenen Vortheile verlieren würde: denn die Protestanten waren unter einander übereingekommen, mit ihrem ganzen Heere ihre Winterquartiere in Franken zu nehmen, wo sie wieder

zu frischen Kräften kommen könnten an Geld, an
Leuten, an Mund- und Kriegsvorrath, um mit
grösserer Hartnäckigkeit den Kampf wieder aufzunehmen. Er entschied sich also, obwohl mit
Widerwillen, seiner Meinung zu folgen. Man muss
diesem den gewichtigen Beweggrund hinzufügen,
dass er einige Ursache hatte zu hoffen, es würde,
weil beide Heere, ihrer eingeschlagenen Richtung
nach das eine dem andern stets auf dem Fusse
folgend in einer Entfernung von fünf oder sechs
Meilen, ihren Marsch fortsetzten, sich irgend eine
Gelegenheit bieten, um, indem man sich so nahe
wie möglich an die Feinde heran machte, und
die ganze Nacht (die Nächte waren lang) marschirte, sie mit Tagesanbruch anzugreifen. Se. Majestät machte sich also auf den Weg in grader
Linie und durch gutes Land in der Richtung von
Dinkelsbühl nehmend. Diese Stadt war auch
in den Bund getreten, und obwohl sie lange freiwillig darin verharrt hatte, bevor sie zu ihren
Pflichten zurückkehrte, so unterwarf sie sich dennoch. Der Kaiser nahm dann die Richtung nach
Rothenburg (an der Tauber), das nicht zum
Bunde gehört hatte und gleichfalls Abgesandte
Sr. Majestät entgegen schickte. Die Protestanten
zogen durch ein Gebirgsland, machten Umwege

und Rückmärsche, sodass sie weit mehr Uebel,
Mühen und Widerwärtigkeiten zu erdulden hatten,
als die kaiserliche Armee. Um zu zeigen, dass
sie doch etwas thaten, griffen sie im Vorüberziehen
Gmünd, eine kaiserliche Stadt, an, welche immer
treu geblieben war und sich in der alten Religion
erhalten hatte, und nahmen sie weg; doch liess
später der Kaiser den ihr zugefügten Schaden
durch diejenigen, welche ihn verursacht hatten,
reichlich ersetzen.

Die Protestanten sahen ein, dass sie sich in
Folge der vom Kaiser eingeschlagenen Marsch-
richtung in ihrem Vorhaben getäuscht hatten und
genöthigt waren, sich aufzulösen oder zu trennen,
weil auf diesem Zuge der Kaiser von der oben
bezeichneten Richtung nicht abwich. Sie fingen
an, von Tag zu Tag sich zu zerstreuen, sodass
sie einen Theil ihres Geschützes und ihr Gepäck
zurückliessen, und in kurzer Zeit löste sich ihre
ganze Armee auf und ging auseinander. Es blieben
ihnen nur wenig Truppen unter Johann Friedrich
von Sachsen, dem es gelang, durch waldige und
bergige Landstriche über den Main zu setzen und
der sich nach Gotha, einer befestigten Burg seiner
Lande flüchtete. Indessen sandte der Kaiser von
Rothenburg aus, um sich genauer von dem, was

vorging, zu vergewissern, den Grafen von Büren
mit dem Reste der Leute, die er herbeigeführt
hatte, zurück und dieser fand nicht mehr dieselben Hindernisse wie auf seinem Herwege. Schon
hatte die Reichsstadt Frankfurt gemeldet, dass sie
sich dem Kaiser unterwerfen wolle und schickte
ihm, nachdem sie eine Besatzung erhalten, Abgeordnete um ihre Unterthänigkeit zu bezeugen.

Als dies geschehen, machte der Kaiser, gewahrend, dass er auf keinen Widerstand mehr stiess,
und dass im Gegentheil mehrere ihm feindlich ge-
wesene Städte über ihre Unterwerfung unterhandelten, einige Tage Halt in Rothenburg, wo er
seine Soldaten sicher unterbrachte und einige
Ruhe nehmen liess. Er wurde daselbst von der
Gicht befallen, aber sobald er sich ein wenig
besser befand und die Armee wieder zu Kräften
gekommen war und ausgeruht hatte, brach er
nach der Stadt Hall in Schwaben auf (die sich
am Bund betheiligt gehabt, aber ihr Vergehen erkannt hatte); dort hatte er einen neuen Gichtanfall. Es kam der Kurfürst von der Pfalz hin,
um ihn zu begrüssen, trostlos darüber, dass er
sich nicht besser benommen hatte. Auch die Einwohner von Ulm kehrten zum Gehorsam zurück

und bekannten ihre Schuld, und so legte man
ihnen eine Besatzung auf.

Der Kaiser, ein wenig hergestellt von der Gicht,
machte sich auf den Weg nach Heilbronn, einer
Stadt, welche auch zum Bunde gehört und wie
die meisten andern sich benommen hatte, und
schickte seinen General nach Württemberg voran.
Sobald dieser in dasselbe eingerückt war, sah
man in wenigen Tagen fast alle offenen Land-
städte sich ihm ergeben. Der Herzog dieses Landes
beauftragte Abgeordnete, um Unterhandlungen an-
zuknüpfen; nach einem Austausch von Vorschlägen
und Erwiderungen ward eine Vereinbarung abge-
schlossen, und der Herzog ward in Gnaden vom
Kaiser aufgenommen und leistete Gehorsam. Die
Gicht quälte den Kaiser aufs Neue in Heilbronn
und dauerte so lange, dass selbst, bis er abreiste,
um nach Ulm zu gehen, in welcher Stadt er im
Anfange des Jahres 1547 ankam, aber sich noch
nicht ganz wohl befand. Da seit der Schmerzen,
die er am Tage des heiligen Franciscus empfunden
hatte, er von einem Anfall in den andern gerieth,
welchen letzteren man als den dreizehnten Gichtanfall rechnen kann, so beschloss er, um sich
davon zu befreien, sich ärztlicher Behandlung und
der Diät zu unterwerfen. Mittlerweile erkannten

auch die Einwohner von Augsburg ihre Schuld, fanden sich vor Sr. Majestät ein und huldigten derselben. Man legte ihnen gleichfalls eine Besatzung auf. Das Nämliche thaten darauf die Einwohner von Strassburg. Um dieselbe Zeit kam auch Sr. Majestät die Nachricht vom Tode des Königs von England zu.

Während, wie gesagt, der Kaiser in Ulm weilte, 1547. wo er die geeignete Jahreszeit abwartete, um sich einer strengen Diät zu unterziehen und seine Heilung sich zu versichern, kamen ihm jeden Tag Nachrichten auf Nachrichten zu, dass Johann Friedrich von Sachsen, der, wie gesagt, von dem grossen Heer der Protestanten nur wenig Truppen bei sich behalten, mit welchen er sich nach Gotha zurückgezogen hatte, sich verstärke und die Zahl seiner Soldaten täglich vermehre. Er wollte nicht blos wieder erobern, was der römische König und der Herzog Moritz ihm weggenommen hatten, sondern leitete auch darauf hin und bereitete alles vor, um sich ihrer Lande zu bemächtigen, ihre Unterthanen aufzureizen und aufzuwiegeln und endlich ihnen so viel Leid, wie möglich, zuzufügen.

Der römische König und der Herzog Moritz setzten jeden Tag Se. Majestät hiervon in Kennt-

niss und man kam überein, einen Theil des Heeres,
welches dem Kaiser geblieben war, abzusenden, das
aber in Folge der Strapazen, die es ausgestanden,
bedeutend vermindert war. Und was noch dazu
beitrug, es zu schwächen, war, dass gerade in derselben Zeit der Papst Paul (ausser den schlechten
Diensten, von welchen weiter oben zum Theil die
Rede war und denjenigen, die er nachher leistete,
indem er den Schweizern etwas schrieb, das, wie
er glaubte, dem Kaiser zum grossen Nachtheil
gereichen sollte), seinen Nuntius beauftragte,
Sr. Majestät zu melden, dass er alle italienischen
Soldaten zurückberiefe, die er bis dahin bezahlt
hatte. Wie dringend auch die Bitten des Kaisers
waren, er möge es nicht thun, sondern an der
Ehre des Sieges Theil nehmen; der Papst wollte
ihnen doch kein Gehör geben und die Italiener
zogen ab.

Der Kaiser befand sich also in der grossen Ver-
legenheit, zu sehen, dass er einerseits seine Truppen
nur schwer theilen konnte und dass andererseits
seine Gesundheit ärztliche Behandlung erheischte,
und wusste nicht, wozu er sich entscheiden sollte.
Gleichwohl, als er die Erfolge Johann Friedrichs
von Sachsen vernahm, sowie später die Niederlage und die Gefangennehmung des Markgrafen

Albrecht von Brandenburg erfuhr, der mit einigen
Truppen dem König, seinem Bruder, und dem
Herzog Moritz zu Hülfe geschickt worden war,
und zugleich vom Tode der römischen Königin,
seiner Schwägerin, benachrichtigt wurde und den
Schmerz und die Betrübniss erwog, die ihr Gemahl
deshalb empfand, beschloss er (sowohl um ihn zu
trösten als um ihm beizustehen), die ärztliche
Behandlung und die Diät, welche seine Wieder-
herstellung erforderte, zu vertagen.

Er hielt daher für gut, dass man in Augsburg,
Ulm und Frankfurt die dahin gelegten Besatzungen
lassen müsse und zog sofort mit dem Reste seines
Heeres ab; und da es nicht blos nicht dienlich
war, es zu theilen, sondern im Gegentheil nothwendig, es zu vermehren, so brachte er ein fri-
sches Regiment Deutsche auf die Beine. Dies
gethan, verliess er Ulm und fand sich, in Nördlingen ankommend, so leidend an verschiedenen
Unpässlichkeiten, die ihm in Folge seiner aus-
gestandenen Beschwerden zustiessen, dass er genöthigt war, mehrere Tage hier zu verweilen. Indessen, die Nachtheile eines allzu langen Verzögerns
erkennend, machte er sich auf den Weg, obwohl
krank, in einem Tragbett und wie er konnte, und
reiste bis Nürnberg, wo er so aufgenommen wurde

wie in einer Stadt, die nie am Bunde Theil genommen hatte und ihm nie feindselig war. Dort
bekam er einen so starken Rückfall, dass er gezwungen war, sich länger daselbst aufzuhalten,
als er gewollt.

Demungeachtet machte er eine solche Anstren-
gung, dass er, wie gemeldet, theils im Tragbette
theils auf andere Weise, Eger erreichte. Auf dieser Fahrt traf er den König, seinen Bruder, und
den Herzog Moritz und den Sohn des Kurfürsten
von Brandenburg. Dieser, der Neigung Gehör
gebend, welche sein Haus stets für das von Oesterreich an den Tag gelegt hatte und alle Fragen
über (Religions)-Meinungen dahingestellt lassend,
war mit dem genannten römischen König übereingekommen, ihm Truppen zu stellen und ihm beizustehen in diesem Kriege, der, wie man gesagt
hat, nicht blos mit dem Herzog Johann Friedrich
im Gange war, sondern auch in dem Grade die
Bevölkerungen Böhmens in Aufregung gebracht
hatte, dass sie, mehr als vernünftig war, sich ein-
mischen wollten.

Während Ihre Majestäten in Eger waren, erhielten sie die Nachricht vom Tode des Königs
von Frankreich. Sie ordneten ihre Angelegenhei-

ten in der Weise, dass sie wenige Tage nachher
mit allen ihren Kriegsleuten abzogen. Der Kaiser
hatte vorerst dem Herzog von Alba, seinem General,
und den andern Hauptleuten den Befehl gegeben,
gewisse Hindernisse, welche den Marsch belästigen
konnten, aus dem Wege zu räumen; sie thaten
ihre Pflicht so gut, dass sie alle Orte und Plätze
der Gegenpartei, welche auf ihrem Zuge sich
fanden, sich unterwarfen, und die darin befind-
lichen Besatzungen in die Flucht gejagt wurden
und ihre Fahnen verloren. Ihre Majestäten zogen
den Tag darauf ab, sodass sie nach neun Tagen
in einem Hause des Herzogs Moritz ankamen,
das Somhof [1] hiess. Sobald sie daselbst angelangt waren, machten der Herzog Moritz und der
Herzog von Alba sich auf, die Tiefe des Flusses
zu ergründen, um zu sehen, was es dort zu thun
gäbe. Bei ihrer Rückkehr erhielten sie nach einigen
Gerüchten und falschem Lärmen, die Gewissheit,
dass der Herzog Johann Friedrich sein Lager zu
Meissen hatte aber auf dem andern Ufer der Elbe,
drei starke Meilen von dem Orte entfernt, von
dem eben die Rede gewesen und wo Ihre Majestäten sich aufhielten.

[1] Das Gut zum Hof an der Sahna.   W.

Da die Soldaten diese neun Tage hindurch fast
ohne Halt zu machen marschirt waren, so schien
es dem Kaiser gut gethan, dass sie den Tag nach
ihrer Ankunft Rast hielten, denn es konnte (was
wirklich geschah), nöthig werden, ein tüchtiges
Gefecht zu beginnen. An diesem der Armee gegebenen Rasttage sandte der Kaiser, um nicht
müssig zu bleiben und Nachrichten von den Feinden
zu bekommen, Kundschafter nach beiden Seiten
aus. Die Einen gingen geradezu nach Meissen,
wo sie das Lager der Feinde nicht erblickten,
weil letztere, wie sie sich davon versicherten, um
Mitternacht sich davon gemacht hatten. Diese Stadt
unterwarf sich aber; die genannten Auskundschaf-
ter fanden die Brücke abgebrochen und verbrannt.
Die Andern, welche stromaufwärts gegangen waren,
entdeckten die feindliche Armee, die auf dem andern Ufer im Marsch begriffen war, und gegen
3 Uhr Nachmittags sahen sie den Vortrab derselben sich festsetzen an einem gleichfalls auf
dem linken (d. h. dem rechten) Elbufer gelegenen
Orte, mit Namen Mühlberg, drei Meilen vom
Lager Ihrer Majestäten und waren der Meinung,
nach den Gepäckwagen zu schliessen, die sie mit
sich führte, dass der Nachtrab erst gegen Mitternacht seine Standquartiere nehmen könnte. Diese

verschiedenen Meldungen kamen fast zugleich gegen
5 Uhr Abends dem Kaiser zu, und Gott weiss,
wie sehr es ihn reuete, diesen Tag Halt gemacht
zu haben, weil ihm schien, es werde den andern
Tag zu spät sein, die Feinde einzuholen; aber
Gott half hierzu durch seine Güte!

Der Kaiser erwog, dass die Armee der Protestanten fast vierundzwanzig Stunden lang auf
dem Marsche gewesen und dass es ihnen nicht möglich sein werde, sogleich wieder aufzubrechen und
einen langen Tagesmarsch zu machen; er war auch
benachrichtigt worden, an demselben Tage, als er in
Somhof ankam, dass es bei oder Mühlberg gegenüber zwei Furten gäbe, auf denen man zuweilen
über den Strom setzte, obgleich er breit und tief
war. Er rief daher sogleich den König, seinen
Bruder und den Herzog Moritz herbei, welchen er
und zugleich seinem General, eröffnete, was er zu
thun und auszuführen im Sinne habe. Obgleich
er bei Einigen auf Widerspruch stiess, besonders
weil man es für ausgemacht hielt, dass es keine
Furt gäbe, so wurde seine Ansicht doch von
Andern gut geheissen, und er hielt sie fest.

Um den Fehler, den er begangen zu haben
glaubte, weil er sich an jenem Tage nicht auf
den Weg begeben hatte, auszugleichen und wieder

gut zu machen, wollte er ohne Zaudern mit seiner
ganzen Armee zur Stunde aufbrechen, mit Zurück-
lassung der nutzlosen Mannschaft und des Gepäcks,
aber hierin fand er Widerspruch, weil man, indem
der Lagerplatz von einem Bache umflossen und von
einem schwierigen Ausgange war, man beim Ab-
zug aus dem Lager, da es schon Nacht war, viele
Verwirrung und Unordnung nicht hätte verhindern
können. Der Kaiser, sich dieser Ansicht fügend,
und sie vernünftig findend, beschloss den Abmarsch
auf den Morgen zu verschieben. Und damit ja
nichts fehle, was man nöthig haben könnte, beschloss er, seinem General einige leichte Geschütz-
stücke aus dem Lager mitzugeben und alle mit
Kähnen und Schiffbrücken beladenen Wagen. In
der That, sollte einer der Furtenübergänge fehl-
schlagen, so wollte er mit einer Schiffbrücke nach-
helfen, um schleunig die zur Unterstützung und
Vertheidigung der auf der andern Furt hinüber
gelangten Reiterei nöthige Infanterie hinüber zu
bringen, und sollte dies nicht geschehen können,
so wollte er wenigstens versuchen, indem er über
den Fluss setzte, den Protestanten so viel Nachtheile und Schaden wie nur möglich zuzufügen.

Nachdem dieser Beschluss gefasst und alles,
was in dieser Nacht geschehen sollte, ausgeführt

war, begab sich der Kaiser bis Mitternacht zur
Ruhe. Dann stand er auf und liess zum Auf-
sitzen blasen, damit alles in Ordnung wäre, um
bei den ersten Strahlen der Morgenröthe auszu-
rücken. Vor Tagesanbruch schickte er den Herzog
von Alba voraus, mit einigen leichten Reitern und
Schützen zu Pferde, um die Stellungen und die
Lage der Feinde zu erkunden. Nachdem der Kaiser mit dem König, seinem Bruder, und dem Herzog Moritz die Messe gehört hatte, folgte er ihm
mit dem Vortrab und, nachdem er seine ganze Armee oder doch den grössten Theil derselben, wie
es angemessen war, in Bewegung gesetzt hatte,
ging er beim Erscheinen der Morgenröthe (welche
um diese Jahreszeit um 3 Uhr Morgens anzubre-
chen beginnt), voran und stellte sich gegen 8 Uhr
mit seinem ganzen Heer dem feindlichen Lager
gegenüber auf. Diesen ganzen Morgen hatte es
einen starken Nebel, der ein grosses Hinderniss
der Bewegung war, und der Kaiser ward sehr
verdriesslich beim Anblick der Schwierigkeiten und
Verzögerungen, welche bei dieser Lage der Dinge
der Nebel verursachte. Er währte noch, als man
dem feindlichen Lager gegenüber ankam, so dass
man nichts entdecken konnte. Indessen überliess
der Kaiser alles den Händen Gottes, damit, mochte

er ihn erhalten oder vernichten, sein Wille geschehe; und Gott verbreitete in seinem Erbarmen plötzlich eine so grosse Helle, dass man sah, die Voraussetzung, welche Se. Majestät den Tag vorher gehabt, hatte sich verwirklicht; denn die Feinde waren nicht blos nicht abgezogen und machten keine Miene, sich zu entfernen, sondern wussten auch nichts von der Ankunft Sr. Majestät mit einer Armee, und mehr noch: der Nebel, welcher dem Marsch Ihrer Majestäten hinderlich gewesen, erwiess sich sogar als günstig, indem er die Feinde gehindert, bis zu dem gegenwärtigen Augenblick das kaiserliche Heer zu entdecken, welches trotz des Nebels in so guter Ordnung vorangegangen war, dass Jeder in Reihe und Glied blieb, wie ihm angewiesen worden.

Ihre Majestäten und der Herzog Moritz begaben sich voran, um in der Nähe die Zweckdienlichkeit und die Lage der Oertlichkeiten zu untersuchen. Der General des Kaisers kam, ihm Bericht abzustatten über das, was er gesehen, fuhr aber fort, seine Zweifel über das Vorhandensein einer Furt zu äussern. In Folge dessen lenkten Ihre Majestäten nach einem kleinen benachbarten Dorfe ein, um Jemanden aufzufinden, welcher über diese Furt sie belehren könnte, und sie erreichten

so gut ihre Absicht, dass sie einen jungen Land-
mann auf einer Eselin antrafen, der sie die Nacht
vorher überschritten hatte und sich anbot, dieselbe zu zeigen. Ihre Majestäten schickten ihn
dem General, und während sie und der Herzog
Moritz etwas wenig assen, liessen sie eine tüchtige Zahl Schützen vorrücken, welche, sobald der
Nebel fiele, den Tanz beginnen sollten.

In diesem Augenblick riss der Nebel und die
Feinde entdeckten, was sie bis dahin nicht gesehen hatten, denn sie hatten sich eingebildet, die
Heeresschaar, welche am Ufer des Stromes angekommen war, sei nicht zahlreicher als die, welche
sie den Tag zuvor erblickt hatten, und würdigten
sie keiner Beachtung. Als sie aber erkannten,
was sie nicht erwartet hatten, so änderten sie sofort ihre Meinung, fingen an, ihre Zelte und Fahnen zusammen zu rollen, zu Pferde zu steigen und
sich in Marschordnung zu setzen. Ausserdem
liessen sie ihr Brückengeräth den Strom hinunter
gehen in der Richtung von Torgau und Wittenberg, Städte, welche Johann Friedrich von Sachsen gehörten, im Glauben, dieselben auf diese
Weise zu retten.

Ihre Majestäten hatten schon das Dorf, wo
sie gefrühstückt, verlassen, um die nöthigen Be-

fehle zu ertheilen. Man beorderte einige Ungarn, einige leichte Reiter und einige Schützen zu Pferde, bis Torgau zu sprengen, und als sie da angelangt, entspann sich ein Scharmützel, in welchem die Torgauer einige Kanonensalven ihnen sandten. Ihre Majestäten erhielten Nachricht von dem oben Gesagten und den Massregeln, die man genommen, um die Fahrzeuge zu retten. Der Kaiser befahl dann seinem General, die oben erwähnten Schützen vorrücken zu lassen, welchen Ihre Majestäten begegneten; sie kamen sofort nach dem Flusse zurück und viele stürzten sich in denselben und eröffneten das Feuer. Die Feinde, welches auch der Widerstand war, den sie ihnen mit ihren Schützen und ihrer Artillerie entgegen setzten, waren genöthigt, ihre Brücken zu verlassen und einige spanische Schützen, die sich schwimmend vorandrängten, das Schwert mit den Zähnen haltend, brachten sie an das Ufer zurück, wo Ihre Majestäten sich befanden. Inzwischen begann ein Theil des feindlichen Heeres sich ein wenig vom Strome zu entfernen, und so fand der oben erwähnte junge Mensch Zeit, die Furt zu zeigen. Der Kaiser befahl sofort den Ungarn, einigen leichten Reitern und einigen Schützen zu Pferde, den Uebergang zu versuchen, was sie wacker aus-

führten. Endlich, nach einem doppelten gegensei-
tigen Abfeuern, fanden die Feinde für gut, sich
vom Strome zu entfernen und man kann sicher
annehmen (und dies ist ausser Zweifel), dass sie
ihren sechsten Fehler begingen. Denn ganz gewiss,
hätten sie das Ufer festhalten und den Strom vertheidigen wollen, so hätte man an diesem Tage
weder die Furt auffinden, noch sie vertreiben
können, und sie hätten die Nacht gehabt, um
sich in Sicherheit zu bringen. Sie müssen wissen,
was sie bewog, diesen Entschluss zu fassen. Als
die Feinde dem Kaiser den Fluss preis gegeben
hatten, so richtete man an ihn sehr dringend
das Gesuch, er möchte die Reiterei übersetzen
und die Feinde verfolgen lassen. Allein erwägend,
dass auf seinen Entschluss und auf seinen Rath
die Armee dahin geführt worden war, antwortete
er, er habe dies nicht gethan, um sich einen
Schimpf zuzuziehen, sondern er erwarte vielmehr
durch die Gnade Gottes, die Ehre des Sieges zu
erringen. Er führte diese Sprache, weil die Feinde
eben so stark an Reiterei waren, wie er, und
überdies noch fünf bis sechstausend Mann Fussvolk mit Geschütz hatten, was Se. Majestät nicht
so schnell haben konnte, weil man einige Zeit
brauchte, um die Brücke zu schlagen, welche

für einen so breiten Strom zu kurz war; allein
demungeachtet gelang es, indem man sich mit
den Feinden abgenommenen Holzstücken half, die
Brücke zu bauen, und während man sie schlug,
schickte der Kaiser einen der Vornehmsten des
Heeres auf das jenseitige Ufer, mit dem ausdrück-
lichen Befehl, ihm Nachricht zu geben, sobald
er die Feinde in der Entfernung einer kleinen
Meile vom Fluss erblickt haben würde. Denn
er hatte die Ueberzeugung (indem er den Aufenthalt mit in Anschlag brachte, welchen die Ungarn
und die leichten Reiter in ihrem Marsche verursachen würden), dass diese Entfernung nicht so
gross wäre, um nach Bewerkstelligung des Ueber-
ganges sie nicht noch erreichen zu können. Wenn
im Gegentheil sie sich gegen den Kaiser kehren
wollten, so wäre die Brücke schon so weit vollendet gewesen und man hätte die Arbeit so be-
schleunigt, dass man Infanterie und Artillerie zur
Hand haben würde, um den Kampf zu unterstützen.

Als der Kaiser die erwartete Nachricht erhielt,
liess er sofort alle Ungarn und leichten Reiter,
und überdies den ganzen Vortrab, bei dem sich
der Herzog Moritz befand und welchen der Herzog von Alba befehligte, sich in Bewegung setzen.

Ihre Majestäten, die zum Schutze des Lagers nöthigen Truppen zurücklassend, folgten alsbald mit
dem Kern der Armee, und sie beschleunigten ihren
Marsch so sehr, dass sie nach Zurücklegung von
drei deutschen Meilen dieselben erreichten. Obwohl nun Einige Bedenken trugen, blos mit
Reiterei anzugreifen, ohne Fussvolk und Artillerie,
indem die Feinde wohl verschanzt waren und
Stellung neben einem Teiche genommen hatten,
so erwog demungeachtet der Kaiser, dass es
schon spät sei und es unmöglich wäre, dass dem
Wege nach, den man gemacht hatte, die Infanterie
und die Artillerie hätten nachkommen können.
Er erwog auch, dass es von Wichtigkeit sei,
den Krieg zu Ende zu bringen und dass, wenn
die Feinde diesesmal entwischten, es kommen
könnte, dass derselbe sich länger als wünschenswerth, hinauszöge. Ueberdies bemerkte er bei
den Feinden eine gewisse Furcht und sah aus
ihren Bewegungen, dass sie gleichsam wie erstaunt
und betäubt waren; er beschloss also, mit der
Reiterei, die er bei sich hatte, auszuführen, was
sich thun liesse. Demgemäss befahl er seinem
General, vorzudringen, um die Anordnung und
Stellung des Feindes in Augenschein zu nehmen.
Derselbe fand diese so, dass er am Eingang eines

11 *

Waldes (wo ihr Fussvolk mit einigem Geschütz in guter Ordnung aufgestellt war) mit dem Herzog Moritz und dem Vortrab ihre Reiter angriff, die zersprengt, die Infanterie in Unordnung brachten, so dass die, welche entkamen, die Flucht ergriffen. Weil des Teiches wegen Ihre Majestäten nicht die Ordnung, welche sie auf freiem Felde handhabten, einhalten konnten, so waren sie genöthigt, dem Vortrab zu folgen, was sie thaten um die hergebrachte Ordnung aufrecht zu erhalten und wenn es nöthig sein sollte, als Verstärkung und Unterstützung zu dienen. Die Feinde wurden eine gute deutsche Meile weit verfolgt, und als Ihre Majestäten Halt machten, so vernahmen sie, dass der Herzog Johann Friedrich zum Gefangenen gemacht worden war. Nachdem der Herzog von Alba von der Verfolgung der Feinde zurückgekommen (dieselbe dauerte die ganze Nacht und einen Theil des andern Tags), so beauftragte ihn der Kaiser, Johann Friedrich aufzusuchen, und der Herzog von Alba führte ihn herbei und stellte ihn dem Kaiser vor.

Der Kaiser übergab ihn der wachsamen Obhut des genannten Herzogs, und man umgab ihn mit einer ausreichenden Anzahl Soldaten, um ihn in Sicherheit zu bringen. Der Herzog Ernst von

Braunschweig ward auch als Gefangener vor den
Kaiser geführt und der gleichen Obhut anver-
traut. Nach Ertheilung dieser Befehle machten
sich Ihre Majestäten mit den Truppen, die sie
zusammenbringen konnten und welche von der
Verfolgung des Feindes zurückkamen, auf den
Weg, um in das Lager zurückzukehren, welches
auf dem anderen Ufer des Stromes war, und begegneten unterwegs dem Fussvolk und der leichten
Artillerie, welche so eilig als möglich ihnen gefolgt waren. Man vertraute ihnen die Munitions-
und Gepäckwagen an, die unterwegs stehen geblieben waren, überschritt nach einem Marsche
von drei starken deutschen Meilen die Brücke und
kam gegen Mitternacht im Lager an. Dies geschah
am 24. April.

Ihre Majestäten verweilten zwei Tage im Lager.
Den dritten zogen sie nach Torgau ab, das sogleich seine Thore dem Kaiser öffnete. Unterwegs überbrachte man ihm alle Banner und Stan-
darten, die man am Tage der Schlacht erbeutet
hatte. Ihre Majestäten setzten ihren Marsch fort
und schlugen ihr Lager im Angesicht von Wittenberg auf, wo ihnen die Nachricht von der Niederlage zukam, welche der Herzog Heinrich von Braunschweig bei Bremen erlitten hatte. Die Belagerung

von Wittenberg ging nach gewohnter Weise vor
sich. Der Kurfürst Markgraf von Brandenburg begab sich zum Kaiser, und man begann sowohl
von Seiten Johann Friedrichs von Sachsen als auch
von seiner Frau und seinen Kindern, welche sich
in der Stadt befanden, über ein Abkommen zu
unterhandeln und diese Besprechungen dauerten
in der Weise fort, bis die Stadt capitulirte. Auch
andere Plätze wurden ihm übergeben, bei andern
wurden die Befestigungen geschleift, alles wie es
verabredet worden war. Denselben Uebereinkünf-
ten gemäss verblieb der genannte Herzog am Hofe
Sr. Majestät in Haft, welche den Kurfürstentitel
und die ihm gehörenden Plätze dem Herzog Moritz gab für die Dienste, welche er ihm geleistet
hatte, und Kraft des Wohlwollens und der Zu-
neigung, welche der Kaiser für ihn hegte und ihm
bewies. Der Kaiser liess den Markgrafen Albrecht
von Brandenburg und den Herzog Heinrich von
Braunschweig, so wie Andere, die vorher zu Gefangenen gemacht worden waren, in Freiheit setzen.

Der römische König und der Kurfürst Moritz
verliessen mit den Truppen, welche sie mit sich
geführt hatten, Wittenberg zwei Tage vor der
Abreise des Kaisers; der König, um die Unruhen
in Böhmen zu beschwichtigen, und der Herzog,

um seine Angelegenheiten zu ordnen, wie solches
durch ein gemeinschaftliches Uebereinkommen beschlossen war.

Der Kaiser, erwägend, dass es lange her sei,
dass er diese beiden Kriege führe und dass es
kein Oberhaupt von Bedeutung mehr gäbe, welches sich gegen ihn erheben könnte, entschied
sich dafür, seine Truppen zu verabschieden und
wollte, was noch zu erledigen war, auf dem Weg
der Güte durch eine allgemeine Berathung der
Abgeordneten des Reiches zu Ende bringen. Er
beschloss die Einberufung eines Reichstags und
reiste zu diesem Behufe nach Halle in Sachsen
ab, das ihn mit voller Unterthänigkeit empfing.
Während dieser Reise kam eine Gesandtschaft
der Bewohner Böhmens, welche sich so wohl von
ihm als auch von dem König, seinem Bruder,
Truppen und die nöthigen Streitkräfte erbaten,
um den Frieden in diesem Königreiche wieder
herzustellen; was der König später ausführte.

Vor der Abreise von Wittenberg waren gewisse
Bedingungen, ich will sagen, Anerbietungen zur
Aussöhnung und öffentlicher Abbitte durch die
Kurfürsten von Sachsen und Brandenburg im Namen
des Landgrafen von Hessen vorgebracht worden;
allein der Kaiser verwarf sie, weil sie zu unbe-

stimmt und von keinem Belang waren und keine
Sicherheit boten. Man legte ihm darauf ein anderes Schriftstück vor, welches, nachdem es durch
dieselben Kurfürsten und den Landgrafen für gut
befunden worden, durch den Kaiser geprüft wurde,
der es um Jedermann zufrieden zu stellen, annahm. Als diese Bestimmungen durch Alle bestätigt waren, kam der Landgraf von Hessen, um
sich Sr. Majestät in der Stadt Halle vorzustellen,
wo er seine Schuld erkannte und den Act der
Unterthänigkeit vollzog, wie er verpflichtet war.
Der Kaiser befahl seinem General, ihn in Haft zu
nehmen, was dem genannten Schriftstück gemäss
geschehen konnte und musste; und obwohl damals
und seitdem der Landgraf und die Kurfürsten be-
haupteten, der Kaiser handle anders, indem er
der Urkunde eine seinen Wünschen gemässe Aus-
legung gebe, so kann man doch nicht in Abrede
stellen, dass er, was er that zu thun befugt war,
und dass dies der Uebereinkunft gemäss war. [1]

Eine grosse Zahl Fürsten und Städte des Nor-
dens, welche dem schmalkaldischen Bunde ange-
hangen und bei den genannten Kriegen mitgewirkt

---

[1] Die Urkunde besagte, der Landgraf solle nicht in
ewiger Haft gehalten werden, während er annahm, er
werde nicht verhaftet werden.   W.

hatten, erkannten ihren Irrthum und kehrten zum
Gehorsam unter den Kaiser zurück, und die anderen Städte, welche nicht in den Bund eingetreten
waren und keine Hülfe geleistet hatten in den
Kriegen, schickten Abgeordnete, um ihre schuldige und übliche Huldigung darzubringen und
ihre Unterwerfung zu bezeigen.

Wie man häufig bei den Soldaten sieht, welche,
wenn sie müssig sind, ein Bedürfniss fühlen, etwas
zu thun, so geschahe es, dass sie, weil der Kaiser
sie nicht beschäftigen konnte, Aufruhr anfingen; d.h.
unter einander eine Nation gegen die andere, und
es entstanden Zwistigkeiten, welche beizulegen nicht
leicht war. Dennoch brachte der Kaiser alles ins
Reine und setzte eine so gute Ordnung fest, dass,
in dem er Zeit und Mittel fand, sie von einander
abzusondern, er ihnen verschiedene Quartiere an-
wies, so dass alle Schwierigkeiten und alle Ursachen der Unruhen verschwanden. Dies gethan,
nahm der Kaiser den Weg nach Nürnberg und
berief dem oben erwähnten Entschluss gemäss,
einen Reichstag nach Augsburg.

Nach diesen beiden grossen Siegen, welche
Gott in seiner unerschöpflichen Güte dem Kaiser
angedeihen zu lassen geruhte, empfing er aus
verschiedenen Ländern eine grosse Anzahl Ge-

sandtschaften und manche brachten ihm Glück-
wünsche dar, die mit ihren Gefühlen sehr in
Widerspruch waren. In der That, die Umtriebe,
die man damals, vorher und nachher entdeckte,
die Aufregung, die sich in Neapel zeigte, der Ver-
such des Grafen Fiesco in Genua, die vereinzelten,
vielleicht durch fremde Anstiftungen erregten Bewegungen, welche in Siena ausbrachen und andere
Ereignisse, deren schon Erwähnung gethan ward,
lassen hinlänglich auf das Vorhaben und die Absicht schliessen, welche man hatte, die Vollendung
eines so guten Werkes zu stören und aufzuhalten,
so wie zugleich den guten Fortgang der Angelegenheiten des Kaisers.

Es gab welche, die sich enthielten, einen
grössern Antheil an den Vorkommnissen zu nehmen, weil sie an einem guten Ausgang verzwei-
felten, allein später hatten sie darüber so grosses
Bedauern, dass, um ein Auskunftsmittel zu finden, sie wieder vernichteten, was sie gethan und
festgestellt hatten, und die Dinge in dem Grade
änderten, dass sie genöthigt waren, ihre Pläne
zu beschränken und ihre Absichten zu verstecken.
Wenn diese Leute nicht so sind, wie sie sein
sollten, so mag Gott helfen, wie er früher that,

und die Dinge so leiten, dass ihre Wünsche sich
nicht erfüllen.

Nachdem dies alles geschehen, reiste der Kaiser
von Nürnberg, wo er die Gelbsucht hatte, ab. Er
war beinahe davon geheilt, als er, seine Reise
bis Augsburg fortsetzend, einen Rückfall bekam
und davon so überwältigt wurde, dass er noch
lange nach seiner Ankunft litt. Vor seiner voll-
ständigen Genesung machte er dem Reichstag
seinen Vorschlag, dass man über das Heilmittel
verhandeln solle, welches, die dort angesagten Angelegenheiten betreffend, anzuwenden sei, Angelegenheiten, welche alle auf den Dienst Gottes, das
Wohl, die Ruhe und die Einigkeit Deutschlands
abzielten und auf dessen Vertheidigung gegen die,
welche es angreifen möchten. Der Reichstag war
schon begonnen, als der römische König anlangte,
welcher Böhmens Zurückführung unter seinen Gehorsam vollendet hatte. Später kam in dieselbe
Stadt Augsburg die Königin von Ungarn verschiedener Angelegenheiten halber, über welche sie
Aufklärungen geben sollte. In derselben Zeit,
nach der Gelbsucht, hatte der Kaiser die Gicht,
und obwohl sie nicht so allgemein war, wie die
vorhergegangenen Anfälle, so liess sie sich doch
zu wiederholten malen und an verschiedenen Stellen

des Körpers verspüren, dergestalt, dass sie bis in den Frühling des Jahres 1548 anhielt. Der Kaiser hatte sie zum vierzehnten mal und im Frühling nahm er, um seine Genesung zu beschleunigen, Trank von Chinaholz.

Während des Reichstags von Augsburg fanden einige feindselige Umtriebe statt um die glücklichen Erfolge, von denen oben die Rede war, zu vereiteln. Auf demselben Reichstag handelte der Kaiser so, dass die Reichsstände sich dem Concilium, welches er, wie man oben gesehen, seit 1529 so oft verlangt hatte unterwarfen. Aber im Augenblick, als dieses in Trient zusammenberufene Concilium den Beruf hatte, den grössten Einfluss auszuüben, wollte der Papst Paul es durch ein *motu proprio* nach Bologna verlegen und zu sich ziehen, Gott weiss, in welcher Absicht. Der Kaiser, welcher die grossen Nachtheile, die daraus erwachsen konnten, ersah, widersetzte sich dem und suchte es fortwährend zn verhindern, fest darauf bestehend, dass das genannte Concilium in Trient verbliebe.

Der Kaiser war von der Gelbsucht geheilt und erhielt eines Tages, als er, um sich zu stärken, sich auf der Jagd befand, gewisse Nachrichten von Piacenza, die ihm besagten, dass in Folge

der Strenge des Herzogs Peter Ludwig, Sohn
des genannten Paul, und wegen der schlechten Behandlung, die er den Einwohnern widerfahren liess,
letzte sich gegen ihn empört und der Stadt sich
bemächtigt hatten, um diese demjenigen zu über-
antworten, welcher ihnen die günstigsten Bedingungen machen würde.

Der Statthalter des Staates von Mailand, davon unterrichtet, nahm im Namen Sr. Majestät
und bevor irgend Jemand in das Herzogthum Piacenza kommen konnte, die ihm gemachten Anträge an. Der Kaiser, durch die angeführten
Gründe bewogen und um das Recht des Reichs
zu wahren und zu schützen, genehmigte und be-
bestätigte diesen Vertrag.

Trotz allem diesem und ungeachtet der oben 1548.
angeführten Umtriebe ergriff man auf dem Reichstag von Augsburg die geeigneten Massregeln, um
den Zweck seines Zusammenseins zu erreichen, und
was die Religion betrifft, so nahm man eine Ver-
ordnung (das s. g. Interim) an, welche beobach-
tet werden sollte, bis das Concilium in Trient entschieden haben würde. In derselben Zeit empörten sich die deutschen Soldaten, welche die Schutz-
wache des Kaisers bildeten. Dies verursachte mehr
Aergerniss als Gefahr; denn als man die Ursachen

der Meuterei untersuchte, erkannte man, dass sie mehr den Sondergelüsten einiger Einzelnen zuzuschreiben war, als dem bösen Willen der Soldaten.

Der Reichstag fasste also alle Beschlüsse, welche zu nehmen ihm möglich war, und da er schon lange tagte, so machte der Kaiser auf den Rath des Königs, seines Bruders und der genannten Staaten demselben einen guten Vorschlag; hierauf ward der Reichstag geschlossen und Jedermann ging nach Hause.

Vor der Abreise des Königs, Bruders des Kaisers, setzte man unter Ihren Majestäten die Verheirathung der ältesten Tochter des Kaisers mit dem ältesten Sohn des Königs, der sich gegenwärtig König von Böhmen [1] nennt fest, und da der Kaiser die Absicht und den Wunsch hegte, den Prinzen von Spanien, seinen Sohn kommen zu lassen, damit er seine Länder sähe und seinen Vasallen bekannt würde, so bat er den König, seinen Bruder, und den König, seinen Schwiegersohn, beizustimmen, dass sein genannter Schwiegersohn sich in Spanien vermählen und im Namen des Kaisers während der Abwesenheit des

---

[1] Es war der nachherige Kaiser Maximilian II. W.

Prinzen seines Sohnes dort verweilen möchte, um
die Regierung dieser Königreiche zu führen, wozu
sie zustimmten. Sofort reiste der genannte König
von Böhmen von Augsburg ab und schiffte sich,
über Italien reisend, in Genua ein, landete darauf
in Barcelona, begab sich mit Post nach Valladolid, wo das Beilager gefeiert wurde. Der römische
König machte sich kurz nachher auch auf den
Weg, um seine Angelegenheiten zu überwachen.
Der Kaiser verweilte noch einige Tage in Augsburg, um vollends in Ordnung zu bringen, was
noch zu thun übrig war.

Nachdem alle diese Dinge erledigt waren, reiste
der Kaiser von Augsburg ab, nachdem er zwei-
tausend Spanier als Besatzung dreier fester Plätze
Württembergs gelassen und die Truppen, welche
nach Augsburg geschickt worden waren, zurückgezogen hatte.

Da er so für das Wohl und die öffentliche
Ordnung gesorgt hatte, schlug er den Weg nach
Ulm ein, aus dem er auch die Besatzung zurück-
zog, um einen Theil davon mit sich zu führen,
und nahm über Speier und auf dem Rhein seinen
Weg nach Cöln. Es war das neunte mal, dass
der Kaiser diese Reise machte und das achte mal,
dass er nach den Niederlanden zurückkehrte.

Der Kaiser traf die Königin, seine Schwester in Loewen, begab sich darauf nach Brüssel um sich sowohl mit seinen eigenen Angelegenheiten, als auch mit den seiner Staaten der Niederlande zu befassen.

Druck von F. A. Brockhaus in Leipzig.